SÉRIE SUCESSO PROFISSIONAL

COMO FAZER ENTREVISTAS

Tim Hindle

PubliFolha

UM LIVRO DORLING KINDERSLEY
www.dk.com

ISBN 85-7402-088-5

GRUPO FOLHA

Diretoria Corporativa
Presidente: Luís Frias
Diretor Corporativo Editorial: Otavio Frias Filho
Diretor-Superintendente de Marketing: Flavio Pestana
Diretor-Superintendente Financeiro: Antonio Manuel Teixeira Mendes
Diretora-Superintendente de RH e Jurídico: Judith Brito

PUBLIFOLHA
Divisão de Publicações do Grupo Folha

Diretor: Ricardo Gandour
Gerente Comercial: Eduardo Notrispe
Gerente Financeiro: Marcos Ragozzino
Gerente Editorial: Ana Astiz
Assistentes Editoriais: Cláudia Ribeiro Mesquita, Luciana Maia
Produtor Gráfico: Marcio Soares

Endereço: Al. Barão de Limeira, 401, 5º andar, CEP 01202-900, São Paulo, SP. Tel.: (011) 224-4828. Site: www.publifolha.com.br
Os leitores interessados em fazer sugestões podem escrever para Publifolha no endereço acima, enviar um fax para (011) 224-4453 ou um e-mail para publifolha@uol.com.br

Produção Editorial
AF Comunicações
Edição Final: Fernando Moreira Leal e Adriana Salles Gomes
Tradução e Texto: César Taylor da Costa
Revisão Ortográfica: Carla C.S. de Mello Moreira

Produção Gráfica
Adesign
Direção de Arte: Carin Ades
Coordenação: Luciana Rodrigues
Assistentes: Fabiana Sant'Ana, Kátia Yumi Ishioka, Marianne Lépine

Dorling Kindersley
Editora do Projeto: Sasha Heseltine
Editora: Marian Broderick
Diagramadores: Elaine C. Monaghan, Austin Barlow
Editora-Assistente: Felicity Crowe
Diagramadora-Assistente: Laura Watson
Designer de DTP: Jason Little
Produção: Silvia La Greca
Editora da Série: Jane Simmonds
Editora de Arte da Série: Jayne Jones
Gerente Editorial: Stephanie Jackson
Gerente de Edição de Arte: Nigel Duffield

Fotolitos produzidos na Empresa Folha da Manhã S.A.
Impressão na Gráfica Círculo

SUMÁRIO

A Condução da Entrevista

A Análise da Entrevista

INTRODUÇÃO

Selecionar profissionais para trabalhar em sua empresa é um processo complexo e demorado, que requer reflexão e planejamento. Como Fazer Entrevistas *mostra como formular estratégias que eliminem alguns problemas comuns do processo de entrevistas e análise, permitindo que você escolha sempre os melhores candidatos. Dividido em três partes* –A Fase de Preparação, A Condução da Entrevista e A Análise da Entrevista–, *este livro traz conselhos práticos e informações sobre como definir os requisitos do cargo, como fazer a seleção, como levar adiante a entrevista sem tropeços e como analisar os resultados. Além disso, 101 lembretes ao longo do livro destacam os pequenos segredos do sucesso nessa área. No final, um teste exclusivo lhe permite avaliar seu desempenho depois de cada entrevista realizada.*

A Fase de Preparação

Entrevistas de emprego poucas vezes duram mais de uma hora. As consequências, porém, podem durar anos. Prepare-se bem para identificar o melhor candidato.

Como Definir Objetivos

Uma entrevista é um método formal de troca de informações entre pessoas. O entrevistador deve estar seguro sobre quais são seus objetivos, de modo a garantir que o tempo seja usado para fornecer e obter informações relevantes e reveladoras.

1 Analise bem cada vaga antes de começar a marcar entrevistas.

2 Prefira o "sangue novo" à "prata da casa".

3 Imagine o candidato ideal para a vaga.

Muito Além da Avaliação

A seleção de novos funcionários é uma das tarefas mais importantes na carreira dos executivos. Conversar com os candidatos, frente à frente, é a melhor forma de obter informações sobre a qualificação e a experiência deles. E, assim, escolher quem melhor se adequa ao cargo e à organização.

Lembre-se de que o propósito não é apenas avaliar, mas também descrever o cargo para que os candidatos possam julgar se aquele é mesmo o emprego que eles procuram. Você também deve apresentar sua organização da melhor forma possível para atrair profissionais de boa qualidade.

4 Discuta o perfil do cargo com sua equipe antes das entrevistas.

ANÁLISE DAS VAGAS

Antes de iniciar a busca pelo candidato mais adequado, é necessário estabelecer que qualificações e experiência o cargo requer. Comece consultando a descrição da vaga que está em vigor. Examine se ela mudou ao longo do tempo –por exemplo, com a introdução de novas tecnologias– e analise se isso requer novas qualificações. Faça perguntas sobre o funcionário que antes ocupava o cargo para saber se há algo novo que possa ser incluído. Ele era a pessoa adequada? É necessário o mesmo conjunto de habilidades no novo funcionário?

RELAÇÕES DE TRABALHO

O entrevistador precisa avaliar como o contratado se ajustará à atuação dos demais funcionários da empresa. Onde ele se encaixará na hierarquia da organização? Que papel terá dentro de equipes ou departamentos já existentes? A quem ele responderá? Por quais outros funcionários ele será responsável?

Tenha em mente que, em geral, há algum espaço de manobra dentro das estruturas organizacionais. Pondere, por exemplo, se o uso de novas tecnologias permitiria indicar alguém de menos experiência para arcar com as responsabilidades do cargo.

▼ **OBTENHA INFORMAÇÕES**

Discuta os requisitos do cargo com seu atual ocupante e com quem trabalha na mesma equipe ou departamento. Isso pode levar ao remanejamento de responsabilidades e à reavaliação das qualificações exigidas dos novos funcionários.

DIRETO À FONTE
O entrevistador obtém informações valiosas sobre o cargo com quem trabalha próximo ao ocupante atual.

FUNCIONÁRIO ATUAL | SUBORDINADO | COLEGA | SUPERIOR

O Perfil do Cargo

Toda nova vaga aberta é uma oportunidade de olhar mais de perto o cargo e avaliar seu papel na empresa. Reserve algum tempo para identificar mudanças específicas que possam aumentar o valor daquele cargo.

Comece pelas metas da empresa. Houve alguma mudança de rumo? O cargo em questão se adaptou a ela? Pergunte a outros departamentos quais eram as expectativas que eles tinham sobre o cargo e se elas foram atendidas.

Leve em consideração as qualificações que você supõe que sejam necessárias ao cargo. Você poderia introduzir novas capacidades na empresa por meio dessa seleção? Não esqueça também as habilidades de comunicação: é necessário um relacionamento mais próximo aos clientes ou aos demais departamentos?

5 A abertura de uma vaga é a oportunidade de reavaliá-la.

6 Cheque se mudaram os requisitos do cargo.

Lembre-se

- Nem todas as vagas precisam ser preenchidas.
- Devido às mudanças nos negócios, a necessidade de uma vaga pode ser temporária.
- A melhor fonte de informações sobre um cargo pode ser seu ocupante anterior.
- A nova vaga é uma oportunidade de redefinir as atribuições do cargo.
- Novas tarefas e funções podem ser agregadas ao cargo.
- Pode ser viável redistribuir o trabalho entre os funcionários atuais.
- Duas pessoas dividindo um cargo podem ser mais produtivas que uma só.

▼ Redefinindo uma Função

O caso abaixo mostra como a função de bibliotecária tem sido afetada pela tecnologia da informação. Embora o trabalho fosse executado com competência pelo funcionário anterior, um novo profissional, com conhecimentos atualizados, demonstra como o alcance do cargo pode ser expandido e melhorado.

Estudo de Caso

Telma comandou a biblioteca da Great Universal Technology por 30 anos. De uns tempos para cá, porém, ela tem se mostrado insatisfeita com as mudanças atravessadas por sua profissão. Embora sendo exímia datilógrafa, Telma nunca se acostumou com o computador; nem com o passo cada vez mais acelerado da vida corporativa. Ela percebeu que era hora de se aposentar.

Carlos, um jovem e ambicioso funcionário do departamento de manutenção de computadores, ofereceu-se para o cargo. Argumentou que a empresa precisava de alguém versado em computadores, não de uma bibliotecária. Era tão necessário acessar a Internet quanto as estantes de livros. Era preciso também reunir informações de outros departamentos e torná-las acessíveis a todos. Impressionado pela argumentação, a direção deu a vaga a Carlos.

REAVALIE NECESSIDADES

Quando um cargo está vago, pondere se ele precisa ser preenchido da mesma maneira. Se parte do cargo já é inútil, devido, por exemplo, a mudanças estruturais, cogite transformá-lo em meio-turno. Utilize um programa de divisão de tarefas se a função precisar de diferentes qualificações ou para reter alguém que necessite trabalhar menos horas. Se há trabalho apenas em certas épocas, recrute trabalhadores autônomos ou temporários. Analise suas finanças: dá para trocar alguém caro por dois novatos, ou vice-versa?

7 Se for o caso, ofereça horário de trabalho flexível.

DIVIDINDO TAREFAS ▶
Pessoas que dividem o trabalho em períodos diferentes devem ter encontros regulares para troca de informações. É o caso de funcionários responsáveis pelo mesmo cliente.

MODIFICANDO O PERFIL DE UM CARGO

NOVO PERFIL	POR QUE MUDAR
PROMOVIDO OU REBAIXADO O alto escalão é caro mas pode aumentar a eficiência de uma função. O baixo escalão pode cuidar da rotina.	• Orçamentos apertados forçam a revisão de custos de pessoal, o que leva a demissões. • Mudança de enfoque do cargo gera a necessidade de outro tipo de funcionário.
MEIO-TURNO O funcionário só trabalha parte do dia ou da semana, por período e horário acertados com a gerência.	• O atual funcionário alega tédio como razão para sair, pois a função não justifica um turno integral. • Algumas tarefas se tornaram supérfluas ou foram redistribuídas entre o pessoal.
DIVISÃO DE TRABALHO Duas pessoas compartilham tarefas ou metas estabelecidas por um superior hierárquico.	• Um funcionário de valor já não pode trabalhar turno integral mas quer permanecer na organização. • As qualificações requeridas não podem ser encontradas em uma única pessoa da organização.
TRABALHO AUTÔNOMO Trabalhadores autônomos ou temporários são autônomos. Eles implicam custos mínimos para a empresa.	• Uma reorganização que deve ser colocada em prática fará com que o cargo mude ou seja eliminado. • O trabalho é necessário por tempo limitado, o que o torna inadequado a alguém de turno integral.

Como Descrever o Cargo

Uma vez que você compreenda com clareza que tipo de qualificações um cargo requer, é hora de preparar uma descrição detalhada. Além da qualificação, ela deve conter a experiência mínima e o tipo de profissional ideal para a vaga.

8 Ao descrever uma função, não subestime os aspectos difíceis.

Defina Atribuições

Preparar uma descrição exata do cargo faz com que ele seja anunciado com as informações corretas. Isso é vital para evitar mal-entendidos e, assim, levar a uma escolha satisfatória.

Inclua na descrição o título do cargo e a linha de subordinação dele. Ao descrever as atribuições principais, exponha com detalhes o que é esperado do candidato. Use verbos de ação como "desenvolver" e "programar" ao explicar a rotina diária, de forma a deixar claro o que o novo funcionário deverá fazer.

9 Compare o salário oferecido com o de outras empresas.

▼ **PEDINDO COLABORAÇÃO**
Peça ao atual ocupante que o ajude a definir o cargo, pedindo-lhe que seja sincero sobre inconvenientes. Discuta com ele a descrição detalhada da função.

A Descrição Correta

Cheque se a descrição do cargo contém os seguintes elementos:

- O título do cargo.
- A linha de subordinação.
- As atribuições gerais. Exemplo: "manter a reputação da loja quanto à apresentação de vitrines atraentes".
- Uma lista de atribuições específicas. Exemplo: "atender clientes das 9h às 17h, durante os dias da semana".
- Detalhes das condições, incluindo salário e benefícios.

Pergunte-se

P O título reflete com exatidão a responsabilidade do cargo?

P Houve mudança recente no enfoque do cargo?

P Ele requer alguma especialidade técnica em particular?

P Que salário você deve oferecer pelo emprego?

P Quais são os benefícios incluídos: assistência médica, previdência privada etc.?

P Qual a duração das férias pagas? Há licenças não-remuneradas?

P Qual é a parte mais difícil do trabalho?

P Ele requer muita dedicação fora de horário?

P Ele exige viagens constantes?

▲ **DEFINIÇÕES DE ATRIBUTOS**
Ao definir as qualidades de um candidato ideal, pondere sobre os requerimentos específicos do cargo. Divida-o em áreas específicas e estude-as uma por vez.

Atributos Obrigatórios

Uma vez concluída a descrição revisada do cargo, você já pode começar a analisar as qualificações, habilidades, experiência e atributos pessoais necessários. Seja o mais preciso possível na especificação do cargo. É conveniente expor aquilo a que se dará preferência, mas também o que é o mínimo essencial. Seja realista sobre o que você está procurando e sempre tenha outras opções em aberto. Estabelecer que "é desejável que o candidato tenha conhecimentos de estatística" talvez não seja o correto. Você pode acabar descobrindo que a capacidade de todos os candidatos nessa área é insuficiente e que eles precisam ser treinados.

10 Descreva o cargo mostrando as possibilidades de ascensão que ele oferece.

O MÉTODO DE SELEÇÃO

Depois de preparar a descrição do cargo, escolha um método de seleção. Eles variam de anúncios em jornais de grande circulação até a contratação de um headhunter. *Não importa o método, sempre haverá pelo menos uma entrevista.*

11 Para não perder tempo, entreviste apenas quem tem chance.

LEMBRE-SE

- A resposta a anúncios de empregos na mídia nacional pode ser esmagadora.
- Caça-talentos cobram uma porcentagem do salário da pessoa recrutada, portanto quanto maior o salário envolvido, mais eles vão procurar.
- Verificar respostas pode tomar longo tempo, portanto o candidato não deve ser chamado com base apenas em currículo bem escrito.

RECRUTAMENTO INTERNO

Uma forma de recrutamento é buscar alguém que já trabalha em outro setor da organização. Muitas empresas incentivam o recrutamento interno. Algumas até mesmo insistem que as vagas sejam anunciadas internamente antes de divulgadas para o público externo.

Entrevistar candidatos que trabalham na empresa pode ser mais fácil, pois eles já conhecem a organização e sua cultura. No entanto, lembre que eles foram recrutados para outro tipo de emprego. Leve em conta também que isso pode não cortar custos globais, pois o antigo posto do novo contratado terá de ser preenchido.

ANUNCIANDO NA MÍDIA

Onde e o que você anuncia determinam o tipo e o número de candidatos que você recebe –e até mesmo se você encontrará a pessoa certa para o cargo. Use publicações setoriais para funções que requeiram especialidades. Para uma abordagem mais genérica, utilize jornais de grande circulação. Os anúncios podem ser dispendiosos, mas em geral obtêm uma boa resposta. Se você não tem tempo ou recursos para atender centenas de candidatos, anuncie em um veículo de circulação limitada. Decida também quantas vezes o anúncio deve ser publicado.

12 Se você conhece um candidato ideal, convide-o a concorrer à vaga.

Como Elaborar Anúncios

A diagramação e redação do anúncio podem influenciar o tipo de retorno obtido. Use uma diagramação atraente e clara –o tamanho será determinado pelo custo e pelo conteúdo. Descreva o cargo e seja específico sobre que experiência e habilidades são requeridas –o que eliminará candidatos inadequados– e sempre dê um prazo de encerramento.

Introdução dá informação sobre o nível do cargo

Cabeçalho chama a atenção

> **Gerente de Marketing**
>
> James Malcolm Associates, empresa de destaque no setor de computação, procura gerente de Marketing para liderar equipe de três pessoas e estar subordinado diretamente ao gerente-geral.
>
> O candidato aprovado deverá projetar e comandar promoções, manter-se dentro dos orçamentos e contribuir com novos planos para nossa estratégia de marketing.
>
> O candidato deverá ter formação superior, dispor de experiência mínima de cinco anos, estar disposto a trabalhar em equipe e lidar bem com a pressão.
>
> Damos oportunidades iguais a todos.
>
> Por favor, envie CV e carta de apresentação para:
>
> Ana Sampaio, gerente de Recursos Humanos
> James Malcolm Associates
> Av. Empresarial, 53
> São Paulo - SP

Qualificações relevantes são definidas com clareza

Política de oportunidades iguais é enfatizada

Forma como a solicitação deve ser encaminhada

▲ ATRAIA OS MELHORES

Descreva as principais características do emprego. Você tem apenas um instante para atrair a atenção do candidato.

13 Os anúncios devem passar por revisão ortográfica.

Aspectos Legais dos Anúncios

Anúncios de emprego estão sujeitos a restrições legais que variam de país para país. As leis mais comumente aplicadas são as que tratam de difamação e as relacionadas à discriminação por sexo, raça e idade. Não use termos sexistas ou refira-se a "ele" ou "dele" ao longo do anúncio. Selecione cuidadosamente suas palavras para evitar estipular características que excluam potenciais candidatos de qualquer sexo, raça ou idade. Em dúvida, procure um consultor jurídico. O conselho nacional de auto-regulamentação publicitária é o órgão que regula e recebe reclamações. Ele também poderá esclarecer o que é permitido em publicidade. A maioria das restrições se refere a anúncios em jornais, revistas e televisão. No entanto, mesmo anúncios na Internet estão começando a ser examinados. Portanto, é recomendável seguir sempre as mesmas regras.

O Valor das Indicações

Há aspectos positivos e negativos que devem ser levados em consideração quando se usam contatos pessoais para ajudar no preenchimento de uma vaga. Por um lado, se um candidato chega com a recomendação de alguém em quem você confia, é de se supor que as habilidades e a experiência dele já tenham sido provadas na prática. Além disso, ele pode já ter sido instruído por seu contato sobre a cultura organizacional de sua empresa. No entanto, pode ser constrangedor recusar uma recomendação pessoal, mesmo quando a pessoa não tem o perfil ideal. Quando um colega sugere um candidato, avalie as qualificações dele de forma objetiva e esteja pronto para rejeitá-lo caso você o considere inadequado para o cargo.

14 Solicite uma fotografia para se lembrar de cada candidato.

15 Seja objetivo ao analisar as indicações feitas por seus colegas.

Procure Recursos Locais

Cheque se há algum programa governamental em sua área que tenha como objetivo o treinamento profissional visando à redução de níveis de desemprego. Esses programas são organizados regionalmente para adaptar-se a necessidades locais. As universidades –principalmente as públicas– também podem dispor de equipes que lidem com solicitações de empregadores. É uma boa idéia fazer contato com ambas as fontes se você dispuser de uma vaga que possa ser preenchida por alguém relativamente inexperiente e que esteja procurando seu primeiro emprego.

▲ **CRIANDO UMA LISTA DE CONTATOS**
Faça uma lista que inclua candidatos, agências e anunciantes com que você tenha deparado. Essa lista poderá ser usada toda vez que você precisar preencher uma vaga.

Agências de Emprego

Recrutar pessoal por meio de agências reduz o tamanho da papelada envolvida em analisar e responder a cada solicitação de emprego. Isso é particularmente relevante se você precisa de uma solução rápida. Por uma taxa, que varia de acordo com o escalão da vaga, as agências lhe dão listas de candidatos pré-selecionados a partir da qual você faz a escolha final. Procure uma agência que se preocupe com os requisitos exigidos por você. É possível também contratar um *headhunter* ("caça-talentos") a fim de encontrar os candidatos mais adequados para um cargo de alto escalão.

16 Registre todas as sessões de seleção para ter como referência no futuro.

O Melhor Método

Método	Características
Recrutamento Interno No começo, muitas empresas procuram recrutar internamente.	• Os candidatos têm um histórico na empresa e conhecem seu sistema de trabalho e sua cultura. • Você pode solicitar referências ao atual gerente do candidato.
Anúncios na Mídia Anúncios em veículos apropriados podem alcançar o candidato certo.	• Você terá de montar um sistema de processamento do que pode vir a ser uma enxurrada de solicitações. • Custos publicitários podem ser altos.
Indicações Amigos e colegas podem fazer o contato com candidatos potenciais.	• Colegas ou conhecidos têm vários contatos no mercado, o que é uma fonte boa e informal. • É problemático rejeitar uma pessoa inadequada.
Recursos Locais Agências governamentais e universidades podem ser boa fonte de candidatos.	• Universidades são uma boa fonte de candidatos para cargos iniciantes. • Programas governamentais exigem muita papelada.
Agências de Emprego Elas fornecerão uma lista de pré-selecionados de alto calibre.	• As agências têm acesso a uma variedade de candidatos e podem descartar os inadequados. • O custo é um fator relevante nesse método.

Como Processar Informações

Uma vez que você tenha decidido que método (ou métodos) de seleção usar, é hora de montar um sistema eficaz para o processamento dos retornos. A idéia é lidar com as solicitações o mais eficientemente possível, evitando atrasos desnecessários.

17 **Defina critérios mínimos para limitar o número de candidatos.**

O Melhor Sistema

18 **Alguém deve ficar responsável por atender solicitações por telefone.**

É preciso levar em conta vários fatores ao escolher um método de processamento das solicitações de emprego. Por exemplo: você terá de lidar com muitos formulários? Você quer ver amostras de trabalhos para avaliar habilidades? Você quer checar referências antes ou depois da entrevista? Se você espera receber um currículo e uma carta, diga isso no anúncio. Desenvolva um sistema que, inicialmente, divida os candidatos em categorias –como "para entrevista", "potencial" e "rejeitado".

Implementando o Sistema

Uma vez que os candidatos tenham sido separados em categorias básicas, o sistema de processamento deve incluir os seguintes estágios:

- Preparação de cartas-padrão para candidatos rejeitados –envie-as imediatamente.
- Avaliação de candidatos promissores.
- Elaboração de uma listagem final.
- Preparação de um calendário de entrevistas e aviso aos candidatos, por telefone ou carta, confirmando a data e horário. Informe se terão de passar por testes.

19 **Use cartas-padrão para responder rapidamente a todos os candidatos.**

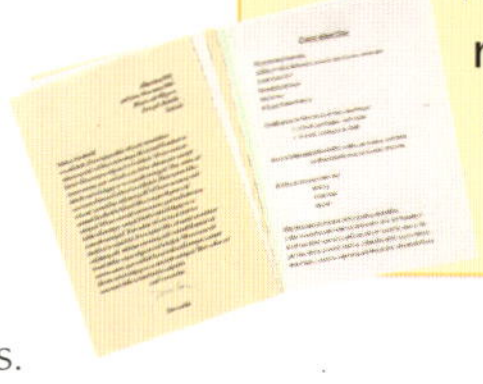

COMO DELEGAR

É possível transferir a incumbência de processar os dados. Mas a pessoa que recebe a tarefa deve ser previamente instruída. Ela deve:

- Conhecer as exigências mínimas e a descrição do cargo.
- Ter boa capacidade de organização.
- Ter tempo para desempenhar a tarefa.
- Ter boa comunicação por telefone.
- Ser capaz de prover informação genérica a respeito da empresa.

QUANDO A PROCURA É MUITO GRANDE

No caso de haver um enorme retorno a um anúncio, crie barreiras para os candidatos inadequados. Assim você poderá chegar a uma pré-seleção com a qual terá condições de lidar. Para isso, imponha critérios mínimos aos quais todos devam se adequar antes que você processe os formulários enviados. Tais critérios podem incluir formação e qualificações profissionais mínimas, além de experiência profissional relevante por algum tempo.

SAIBA COMO PROCESSAR DADOS ANTES DAS ENTREVISTAS

Decida quem se ocupará de solicitações escritas e por telefone → *Informe as telefonistas e o pessoal de recepção*

Registre as datas em que as solicitações chegam → *Elabore carta-padrão para acusar o recebimento*

Arquive as solicitações como "rejeitadas", "possíveis" e "para entrevista" → *Envie cartas-padrão*

Reserve tempo para as entrevistas, com pelo menos uma hora para cada uma → *Cheque a disponibilidade de colegas que participarão das entrevistas*

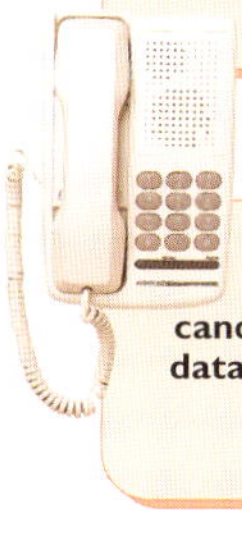

Informe os candidatos sobre as datas e horários das entrevistas → *Defina horários alternativos quando necessário*

Elabore um cronograma final de datas, horários e candidatos → *Distribua-o a colegas que participarão das entrevistas*

Como Analisar um Currículo

Embora a maioria das pessoas seja honesta ao fazer um curriculum vitae *(CV), algumas podem ser tentadas a omitir fatos negativos ou exagerar qualidades. Analise cada CV com atenção e prepare perguntas sobre ele para fazer ao candidato.*

20 Anote pontos específicos para discussão posterior.

21 Espere uma certa dose de "edição" em um currículo.

22 Fique atento a possíveis incoerências

De Olho na Estrutura

A análise da estrutura de um currículo pode dizer muito sobre a capacidade de um candidato de comunicar com eficiência um conjunto de fatos. Um CV bem estruturado deve ser conciso e não ter mais de duas páginas. Em geral, ele traz a formação básica e profissional em ordem cronológica inversa para enfatizar as atividades mais recentes. Habilidades pertinentes costumam ser destacadas. No entanto, há muitos modos de apresentar um currículo. O fator mais importante a levar em conta é se ele apresenta informações de forma lógica e de fácil assimilação.

Em Busca de Dados

Depois de ter verificado a estrutura geral e o estilo do currículo, analise as informações que ele fornece. Pondere se as qualificações e a experiência do candidato são relevantes e se encaixam nos requisitos que você está procurando. O candidato tem outras habilidades pertinentes? O CV contém alguma informação que dê uma idéia da personalidade do entrevistado? O CV demonstra a velocidade e direção do progresso da carreira do candidato?

23 Pergunte-se: o currículo dá uma impressão positiva do candidato?

Como Lidar com Lapsos e Incoerências

Interrupções na ordem cronológica dos fatos e dados incoerentes podem ser um mero erro. Mas também podem ser pistas de uma tentativa do candidato de forjar ou esconder certas informações. Por isso, você deve examinar com muito cuidado a cronologia profissional e educacional do entrevistado e verificar se as datas seguem uma sequência lógica. Há períodos de tempo em branco? Por exemplo: há uma lacuna entre o fim de um emprego e o começo do seguinte? Alguma outra informação fornecida explica tal lapso? Os períodos de emprego se misturam com os de estudos? Não hesite em dar ao candidato o benefício da dúvida, mas elabore uma lista de perguntas que o ajude a esclarecer as incoerências apresentadas no currículo.

PASSO A PASSO

1. Procure lapsos de cronologia no currículo.
2. Se necessário, verifique qualificações com as instituições pertinentes.
3. Faça uma estimativa do tempo médio de permanência em cada lugar.
4. Julgue se o candidato está fazendo um movimento lógico na carreira.
5. Avalie se o estilo do currículo indica um candidato bem organizado.

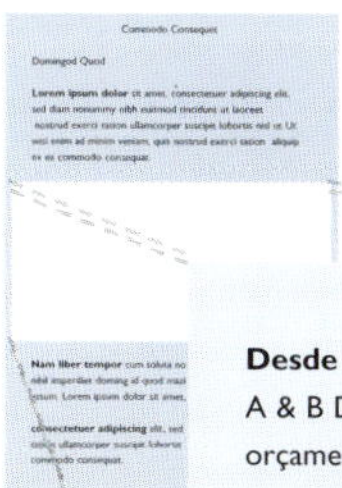

O candidato está empregado no momento

Candidato tem experiência com grandes clientes

Desde maio de 1997
A & B Design. Atendendo clientes no setor de petróleo. Responsável por orçamentos e relações com clientes.

Junho de 1991 – Fevereiro de 1997
First Graphics. Gerente-assistente de Produção, no comando de seis desenhistas encarregados de literatura corporativa, incluindo brochuras e material de marketing. Experiência de trabalho com prazos apertados.

Datas de empregos incluem meses específicos

Títulos dos cargos ajudam a avaliar a experiência

Descrição indica habilidades adquiridas

ANÁLISE DO HISTÓRICO ▲

Ao avaliar um currículo, concentre-se primeiro na seção que trata do histórico profissional para decidir se o candidato será pré-selecionado.

COMO AVALIAR SOLICITAÇÕES

Antes de examinar as solicitações recebidas, divida os requisitos do cargo entre essenciais e desejáveis. E pergunte-se: há outros atributos –quanto a personalidade ou aptidões físicas– que você esteja procurando em um candidato?

24 Os formulários criam uma arena nivelada para todos os candidatos.

25 Consulte colegas quando estiver julgando casos excepcionais.

ORGANIZE SEUS CRITÉRIOS

Antes de decidir quais candidatos pré-selecionar para entrevistas, pegue a descrição do cargo e divida os critérios entre essenciais e desejáveis. É importante, por exemplo, que o candidato domine uma ou mais línguas estrangeiras? Ele deve ter conhecimentos de computação –ou você se dispõe a providenciar caso ele não os tenha? Candidatos ideais, que preencham todos os requisitos, são raros. Seja flexível na seleção.

COMO AVALIAR SEUS CRITÉRIOS

ENTREVISTADOR
No momento de examinar as solicitações, você deve ter decidido quais de seus critérios são essenciais e quais são apenas desejáveis.

EXEMPLOS DE CRITÉRIOS

- Formação: Que grau de escolaridade você está procurando? É essencial ser graduado ou você não descartaria alguém que largou a escola?
- Experiência de trabalho: Você está procurando habilidades específicas adquiridas por meio de emprego? Os candidatos devem trazer com eles novos contatos para sua empresa?
- Habilidades de tecnologia da informação: É essencial o conhecimento básico em computação? Sua empresa usa um software que os novos contratados devam conhecer –ou você se dispõe a investir em treinamento?
- Habilidades de comunicação e negociação: O candidato deve ser um comunicador eficiente e negociador experiente?
- Viagens: O profissional contratado deverá viajar de forma regular e por períodos prolongados?

Candidatos no Limite

Antes de rejeitar um candidato que esteja na fronteira entre ter a chance de uma entrevista e ser descartado, talvez seja bom discutir o caso dele com colegas em cuja opinião você confia ou que vão trabalhar com o contratado. Essas opiniões podem ajudá-lo a pré-selecionar um candidato aparentemente inadequado, e que, às vezes, acaba se mostrando ideal. Existe ainda a possibilidade de surgir um outro local para o candidato.

TROCA DE IDÉIAS ▶

Leve casos de candidatos que estão "no limite" para seus colegas. Eles podem destacar qualidades que lhe tenham escapado.

26 Seja educado e incentive os candidatos rejeitados.

Candidatos Rejeitados

Ao recusar um candidato, use um tom educado e profissional. Lembre-se de que essa pessoa investiu uma quantidade considerável de tempo e de esforço na solicitação do emprego. Envie uma carta gentil o mais cedo possível, agradecendo ao candidato o interesse. Explique que, embora a solicitação dele não tenha tido sucesso desta vez, você manterá os seus dados arquivados caso novas vagas surjam no futuro.

Saiba Analisar um Formulário de Emprego

Formulários de emprego são úteis para avaliar candidatos porque permitem comparar todos segundo os mesmos parâmetros. Todos os candidatos devem responder ao mesmo conjunto de questões. Ao examinar os formulários, é relativamente simples comparar os candidatos igualmente pelos critérios e fazer a seleção para entrevista. Utilize essas informações para criar um banco de dados que possa ser útil no futuro, e também para construir um perfil das habilidades dos candidatos. Isso facilitará sua vida ao lhe permitir selecionar indivíduos que sejam qualificados nas áreas em que você esteja tentando preencher vagas.

A LISTA DE ENTREVISTADOS

Depois da avaliação inicial, comece a elaborar uma primeira lista de entrevistados. Muitas vezes, apenas uns poucos candidatos são adequados. Se não for assim, escolher dessa lista quem você vai entrevistar pode ser a parte mais penosa do processo.

27 "Sinta" os candidatos com uma conversa informal prévia.

COMO ESTRUTURAR

28 Decida se você precisa aplicar testes escritos.

Uma técnica que pode ser útil para decidir quem pré-listar é criar uma "tabela de requisitos". Divida uma folha em branco ao meio. De um lado, liste os principais requisitos do cargo. Faça cópias –uma para cada candidato. Do outro, em branco, anote as qualificações e a experiência deles. Então, assinale os itens preenchidos por cada candidato e selecione os que tiverem mais marcas.

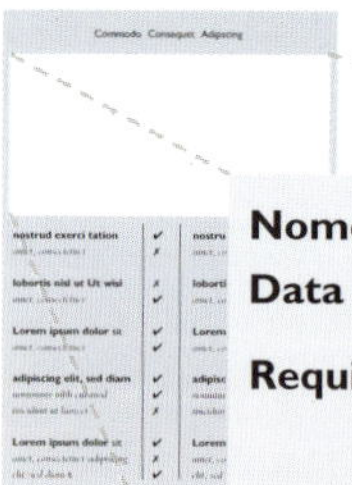

Nome do Candidato: *Carlos Tanaka*
Data da Entrevista: *22 de abril*

Requisitos do cargo		Experiência e habilidades do candidato
Excelentes habilidades interpessoais	✔	*Liderou uma equipe de três pessoas por 18 meses*
Experiência em contas gerenciais	✔	*Quatro anos de experiência significativa*

Marca indica se o candidato corresponde aos critérios

Comentários detalham relevância e qualidade das habilidades e experiências

A TABELA DE REQUISITOS ▲
Este exemplo mostra os vários requisitos exigidos para o emprego em um dos lados e as habilidades e experiências do candidato em outro.

CONTATO COM O CANDIDATO

Se você contatar um candidato para checar detalhes, questione se é conveniente para ele falar com você.

Pontos confirmados são marcados

Checagem de Informações

Há várias formas de checar informações caso você tenha de confirmar detalhes de um currículo. Talvez você queira contatar uma escola ou universidade para verificar dados sobre a formação do candidato, mesmo nesse estágio inicial da seleção, mas informe-o de que você está fazendo isso. Ou então, contate-o diretamente. Sempre verifique se ele pode falar livremente e não está sentindo-se constrangido por poder ser ouvido pelo atual patrão ou pelos colegas.

Lembre-se

- Alguns candidatos dizem ter salários maiores do que realmente têm.
- É mais difícil mentir pessoalmente, ou mesmo ao telefone, do que por escrito.
- Questione se o candidato se dispõe a ser transferido.
- Se não for possível constatar as referências do candidato imediatamente, talvez seja preciso, pelo menos no começo, confiar no que o candidato diz.
- Embora humor seja uma virtude, você deve supor que um candidato seja sério durante a entrevista.
- Reações instintivas percebidas na conversa com os candidatos ao telefone são dignas de nota.

Como Preparar a Lista de Entrevistas

A primeira lista de selecionados para entrevista não deve ser tão longa a ponto de suas impressões sobre eles se misturarem na hora das perguntas. Você deve, é claro, incluir os candidatos que nesta fase pareçam ser sua primeira escolha e também os "reservas". Esses devem ser os que mais se aproximem dos requisitos do cargo, quanto a habilidades e qualificações.

Nessa pré-lista, você pode também incluir um ou dois que tenham habilidades excepcionais em áreas específicas, mas que, no geral, não sejam 100% adequados. Dependendo do posto, vale a pena entrevistar algum candidato não-convencional. Se o cargo requer que sejam feitas mudanças radicais em determinado setor, é provável que a pessoa mais adequada não seja aquela mais familiarizada com os aspectos que precisam ser deixados de lado.

COMO MARCAR ENTREVISTAS

Pode ser difícil marcar entrevistas com todos os candidatos pré-selecionados em um espaço curto de tempo. Muitos terão de pedir folga nos empregos atuais ou viajar distâncias consideráveis. Tenha isso em mente e seja o mais flexível possível.

29 Esteja pronto para marcar entrevistas fora do horário comercial.

30 Ofereça água ou café para que o candidato fique à vontade.

PREVEJA A DURAÇÃO

Antes de marcar qualquer entrevista, defina quanto tempo o processo todo vai tomar. O nível da vaga ditará quantos estágios serão necessários. Para um posto iniciante, um encontro pode ser o suficiente. Mas para cargos de alto escalão talvez você tenha de solicitar, pelo menos, uma segunda entrevista. Faça os preparativos e preveja tempo para quaisquer testes que precisem ser feitos. Confirme os detalhes por escrito e envie ao candidato instruções sobre como chegar ao local.

ESCOLHA ENTREVISTADORES

Em certas circunstâncias, é uma boa idéia convidar determinados colegas para participar do processo de escolha de um novo funcionário. Em algumas empresas, um membro do departamento de RH costuma estar presente a todas as entrevistas. Isso é ainda mais importante se o cargo vago for de alto escalão ou se o entrevistador for inexperiente. Caso o contratado vá trabalhar com mais de uma pessoa, tente garantir que todos a quem ele estará subordinado estejam presentes. O mesmo vale para a situação em que o funcionário trabalhará em contato com outro departamento –convide um representante deles para ajudar na avaliação. Cogite ainda convocar seu próprio superior, especialmente se o cargo for central em sua equipe.

LEMBRE-SE

- Ter um colega a seu lado na entrevista pode prover uma valiosa segunda opinião.
- Uma recepcionista observadora pode captar traços do comportamento dos candidatos.
- Dê tempo para que os candidatos façam perguntas e, talvez, possam circular pelo escritório.
- Quanto menor sua lista, menos tempo levará para a vaga ser preenchida.
- Não faça as pessoas esperar, nem as segure por mais tempo que o necessário. Pode ser difícil para elas estar longe do trabalho.

Saiba Quem Convidar para a Entrevista

Entrevistador	Características
 **Gerente** Outro gerente ao qual o candidato estará subordinado.	● Todo gerente ao qual o novo funcionário estará subordinado deve ser envolvido no processo de escolha para evitar insatisfação futura. ● Um gerente que seja mais experiente que você em entrevistas pode sugerir técnicas úteis e dar uma valiosa segunda opinião.
 **Colega** Representante de departamento com o qual o candidato trabalhará.	● Fatores pertinentes ao trabalho que precisa ser feito com outro departamento devem ser avaliados por um representante daquele setor. ● Um colega não tem a autoridade para fazer a seleção final do candidato ou para negociar os termos e condições do contrato.
 **Superior** O gerente ao qual você está subordinado e que autoriza contratações.	● Seu superior pode querer se envolver no processo de seleção se você for inexperiente. ● Talvez o perfil geral do candidato ideal para cada setor seja mais bem avaliado por seu superior. ● Talvez seu superior precise conversar com o candidato antes que uma oferta final seja feita.

O Calendário de Entrevistas

Ponha à disposição dos candidatos datas e horários alternativos para o caso de alguém não poder comparecer nos dias sugeridos. Programe as entrevistas com bom espaço de tempo entre uma e outra. Pode causar embaraço aos candidatos tropeçar nos rivais à porta, além de isso deixá-los nervosos e afetar seu desempenho. Com mais espaço entre as entrevistas, você poderá se demorar mais com um candidato ou estourar o tempo se houver atrasos. Também significa que você terá tempo suficiente para anotar detalhes sobre cada candidato –uma enxurrada de entrevistas tende a virar uma coisa só. Por fim, entre uma conversa e outra, descanse alguns minutos.

31 Você não deve ser interrompido no meio da entrevista.

32 Tenha uma boa noite de sono para estar 100% alerta na entrevista.

Como Escolher o Local

Reflita com cuidado sobre o local das entrevistas, pois isso pode influenciar os demais procedimentos. Lembre-se de que você está tentando encontrar o candidato ideal para o cargo, e que é difícil extrair o melhor de alguém que não se sente à vontade.

33 Ponha um aviso "Não Perturbe" na porta da sala de entrevistas.

A Opção Mais Adequada

Cabe a você decidir se é melhor fazer a entrevista em seu local de trabalho ou em um "campo neutro". Caso escolha o primeiro, você a fará em seu próprio escritório ou em uma sala de reuniões mais impessoal? Se precisar de privacidade ou sigilo, prefira campo neutro como uma sala de hotel ou o escritório de um terceiro. Tente criar um ambiente que deixe todos à vontade, com cadeiras confortáveis e iluminação suave.

CUIDADOS COM O AMBIENTE

Evite todas as possíveis distrações e concentre-se em deixar os candidatos à vontade. Isso os ajudará a mostrar o melhor que têm a oferecer.

O candidato se sente intimidado ao se sentar em uma cadeira baixa

O computador é dispersivo

O telefone pode interromper a entrevista

DISPOSIÇÃO DAS CADEIRAS

Há várias formas diferentes de distribuir os lugares em uma entrevista. Sentar frente a frente é sempre uma opção formal, enquanto sentar lado a lado cria um ambiente mais informal e cooperativo. Se você optar pelo estilo "cara a cara", lembre-se de que em geral as pessoas preferem ficar protegidas por algo sólido, como uma mesa –sentar com os joelhos expostos provoca sentimento ainda maior de desconforto e vulnerabilidade. A menos que seja parte de sua estratégia, não acomode os candidatos em cadeiras mais baixas do que a sua. Isso pode fazer com eles se sintam inferiores e constrangidos.

34 Indique onde você quer que o entrevistado sente.

35 Mostre claramente onde fica a sala de entrevistas.

Legenda

Entrevistador *Candidato*

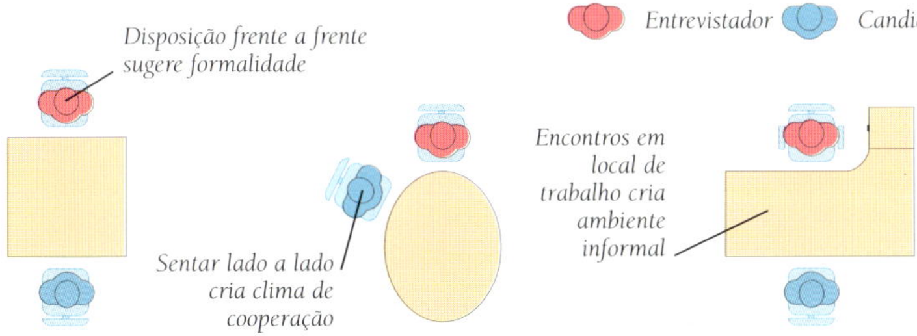

▲ **ENTREVISTA FORMAL**
Mesas retangulares ou quadradas são mais formais do que as pequenas e redondas.

▲ **ENTREVISTA INFORMAL**
Uma mesa redonda e grande cria ambiente informal e acomoda mais de duas pessoas.

▲ **ENTREVISTA EM SEU ESCRITÓRIO**
Usar seu próprio local de trabalho também é informal. É recomendável para candidatos internos.

CERTO E ERRADO

- ✔ Baixe as venezianas para evitar ofuscamentos.
- ✔ Tire o telefone do gancho durante a entrevista.
- ✔ Assegure-se de que a sala seja bem ventilada e ninguém esteja com frio ou calor.
- ✗ Não deixe o entrevistado ver suas anotações ou arquivos.
- ✗ Não pendure quadros dispersivos em suas paredes.
- ✗ Não ofereça biscoitos, pois ficará difícil conversar.

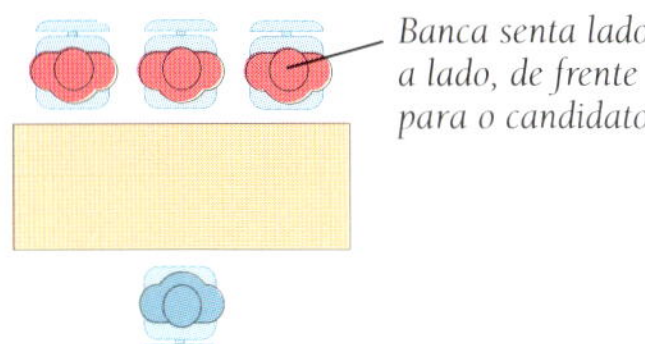

▲ **BANCA**
Sentar em lados contrários de uma mesa retangular é confrontador, o que pode ser apropriado para casos formais.

COMO ELEGER A ESTRATÉGIA

A decisão mais importante que você deve tomar antes de uma entrevista é qual deve ser o estilo dela. Você se aterá aos fatos ou colocará o candidato sob pressão? A resposta depende, em grande parte, do cargo para o qual você estará entrevistando.

36 Antes da entrevista com banca, acerte os objetivos com os participantes.

ESCOLHA SUAS ARMAS

Tendo em mente os requisitos do cargo, reflita sobre o que você quer da entrevista. E escolha uma estratégia que o ajude. Se você souber que as qualidades técnicas do entrevistado são adequadas, talvez seja preferível se concentrar nas características emocionais dele. Outra opção é adotar um estilo agressivo para testar as reações do candidato em situações de pressão.

37 Forneça aos entrevistadores detalhes sobre os candidatos.

A MELHOR ESTRATÉGIA

ESTILO	COMO PREPARAR
FACTUAL O objetivo principal é extrair informações objetivas. Traços de personalidade são menos importantes.	Prepare uma lista de questões gerais e específicas que possam levar às respostas de que você precisa.
SIMULAÇÃO DE SITUAÇÃO O objetivo é checar como o candidato lida com questões vitais do trabalho.	Prepare questões abertas do tipo "O que você faria se...". Leve o entrevistado a descrever as consequências das decisões dele.
AGRESSIVO Usado para avaliar como o candidato se comporta sob estresse ligado ao trabalho.	Planeje um ataque com insinuações sobre o histórico profissional do candidato.
TÉCNICO O objetivo é verificar se o candidato tem as qualificações que alega ter.	Elabore um teste prático. Exemplo: uma situação de venda para um colega ou um trabalho com um software específico.

ESTRUTURA DE ENTREVISTA

A estratégia escolhida determinará o conteúdo de sua entrevista. No entanto, é comum que qualquer entrevista compreenda as seguintes variações:

- Uma introdução e uma fase de apresentações na qual se fala de trivialidades.
- Uma sessão de perguntas e respostas para esclarecer falhas do currículo do candidato.
- Uma "investigação" sobre personalidade e qualidades pessoais do candidato.
- Um estágio final no qual o candidato faz perguntas sobre o emprego, termos e condições do contrato de trabalho.

Adapte essas variações a sua estratégia –incluindo, por exemplo, um teste técnico ou, ao utilizar táticas agressivas, omitindo a fase introdutória.

38 **Se trabalho em equipe contar, planeje exercícios em grupo.**

39 **A estrutura da entrevista deve servir à estratégia.**

ENTREVISTA COM BANCA

Entrevistas com banca têm muitas vantagens: permitem que mais pessoas avaliem o candidato; conseguem levantar mais dados no mesmo período de tempo; e tiram um pouco da pressão das costas do entrevistador que atua sozinho. Mas vale tomar alguns cuidados, como assegurar o equilíbrio entre os membros da banca –nenhum deles pode dominar a conversa– e escolher entrevistadores adequados, especialistas em determinado assunto ou que trabalharão com o novo funcionário. Também é comum nas empresas brasileiras a entrevista do tipo dinâmica de grupo, em que vários candidatos são reunidos em um mesmo local e entrevistados juntos –trata-se de um método que exige entrevistadores experientes.

▲ **DISTRIBUIÇÃO DE PAPÉIS**
Os entrevistadores de uma banca podem dividir as perguntas entre si. Quando forem apenas dois, um pode assumir o papel de hostil e o outro ser amigável.

COMO PREPARAR PERGUNTAS

Para obter o máximo possível de informações sobre o candidato, é preciso saber fazer as perguntas certas, da maneira correta. Redija as perguntas com cuidado para levar às respostas que deseja. E, a partir das respostas, introduza novas questões.

40 Comece com questões fáceis para que o candidato fique à vontade.

41 Altere sua lista de perguntas a cada pessoa que você entrevistar.

PERGUNTE AO CANDIDATO

- **P** Por que você deseja mudar de emprego a esta altura da vida?
- **P** Quais são suas principais qualidades?
- **P** Como foi sua relação com outras empresas no passado?
- **P** Qual foi o ponto alto de sua carreira até agora?
- **P** Qual foi o ponto baixo de sua carreira até agora?
- **P** Que experiência você tem em resolver problemas?
- **P** Quais são suas metas de longo prazo e como você supõe poder alcançá-las nesta empresa?

USE AS PALAVRAS CERTAS AO FORMULAR QUESTÕES

Você pode obter respostas mais completas e detalhadas do candidato fazendo perguntas de diferentes formas. Questões abertas são provavelmente as mais úteis em uma entrevista. Elas incentivam o candidato a abrir-se, pensar e falar com vagar. Além disso, permite que você observe habilidades de comunicação e obtenha informação detalhada. Estas perguntas em geral começam com "O que?", "Onde", "Por que?" e "Como?" –"Como você se interessou por madeiras tropicais?", por exemplo. Também podem começar com uma declaração sobre você: "Uma vez eu fui ao jardim botânico do Rio... Quais jardins botânicos você conhece?".

Questões fechadas levam a um simples "sim" ou "não", em vez de a uma resposta em profundidade. Use-as para esclarecer pontos duvidosos –como, por exemplo, "Podemos contar com você a partir de 14 de novembro?". São também úteis para confirmar detalhes do currículo do candidato.

42 Faça questões abertas. Elas pedem mais do que "sim" ou "não" como resposta.

As "Segundas Intenções"

Uma pergunta com "segundas intenções" é a que faz o candidato reagir a uma suposição acerca dele. Assim, teste o quanto ele está perto de aceitar o cargo perguntando: "E quando você poderia visitar o nosso escritório no Rio?". Se ele achar que você está pondo o carro na frente dos bois, ainda haverá o que discutir. No entanto, se ele demonstra estar disposto, você pode presumir que o acordo está próximo. Evite fazer essas perguntas em tom agressivo.

Cabeça inclinada indica desconfiança

Pernas e mão cruzadas são sinais defensivos

A MELHOR FORMA

Ao entrevistar, evite perguntas que levem o candidato a se fechar ou a se proteger. Observe a linguagem corporal para captar sinais defensivos.

43 Só faça perguntas fechadas se você procurar respostas específicas.

Tenha uma Lista em Mãos

Pode ser providencial ter uma lista de perguntas previamente preparadas. Mas não fique limitado nem à ordem nem ao conteúdo de sua lista –a entrevista é uma via de duas mãos. O propósito central da listagem é prover a segurança que advém de saber que todos os pontos foram cobertos e de ter ao que recorrer no caso de a memória falhar.

Uma Coisa Leva a Outra...

As perguntas devem ser influenciadas pelas respostas. Cada questão deve ser formulada a partir da anterior, num processo cumulativo, para que você chegue às informações de que precisa. Exemplo: "Então você tirou uma folga de seis meses?"... "Você viajou imediatamente?"... "Por que você decidiu esperar tanto antes de partir?"... "Quanto tempo você levou para conseguir outro emprego quando voltou?"... "Então você passou duas semanas na Ásia e cinco meses procurando emprego, certo?".

44 Use a tabela de requisitos e o currículo do candidato ao criar as perguntas.

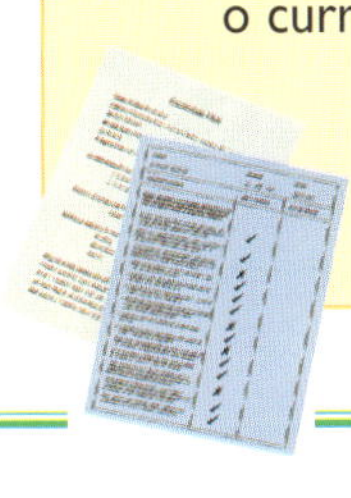

Como Aprender a Ouvir

É essencial que um entrevistador saiba ouvir com atenção. Se você demonstra estar ouvindo, seu entrevistado será estimulado a continuar falando. Treine para se manter sempre concentrado e consciente de sua linguagem corporal.

45 Você tem dois ouvidos e só uma boca. Ouça mais, fale menos.

Avalie sua Capacidade

Quase todas as pessoas acreditam ser boas ouvintes, embora também admitam gostar muito do som da própria voz. Faça um teste simples para descobrir o quanto você é bom em dar atenção aos outros. Grave uma conversa com um colega e analise-a objetivamente. Quem fala mais? Quem fala mais rápido? Você responde às preocupações do colega ou apenas continua o que estava dizendo quando foi interrompido? Ao acompanhar a gravação, você pode descobrir quais aspectos precisa melhorar.

46 Resuma o que o candidato diz para mostrar que o está acompanhando.

LINGUAGEM CORPORAL
Aprenda a usar a linguagem corporal como parte de sua preparação. Aqui, o entrevistador está atento ao que o candidato diz.

EVITE OS MAUS HÁBITOS

Mesmo bons ouvintes desenvolvem maus hábitos. Dois dos mais comuns são desligar-se de informações que não sejam de interesse e interromper pessoas quando elas ainda não terminaram de falar. Se você sabe que tem esse tipo de costume, esforce-se para superá-lo. Lembre-se de que o desenvolvimento de uma boa técnica de ouvir requer consciência, prática e esforço.

47 Pergunte continuamente ao candidato se você entendeu tudo que ele está dizendo.

PASSO A PASSO

1. Seja curioso. Isso ajuda a ouvir corretamente.
2. Certifique-se de ter entendido a pergunta antes de respondê-la.
3. Faça perguntas conforme elas lhe ocorram, deixando sua mente livre para escutar.
4. Descubra as emoções por trás das palavras.
5. Elimine qualquer mau hábito de ouvinte que você tiver.

ALERTA PARA OS SINAIS NEGATIVOS

Há uma grande diferença entre ouvir com e sem atenção. Previna-se contra os eventuais sinais corporais negativos que você possa deixar "escapar" se estiver dispersivo. Uma vez concentrado, você conseguirá evitar os maus hábitos.

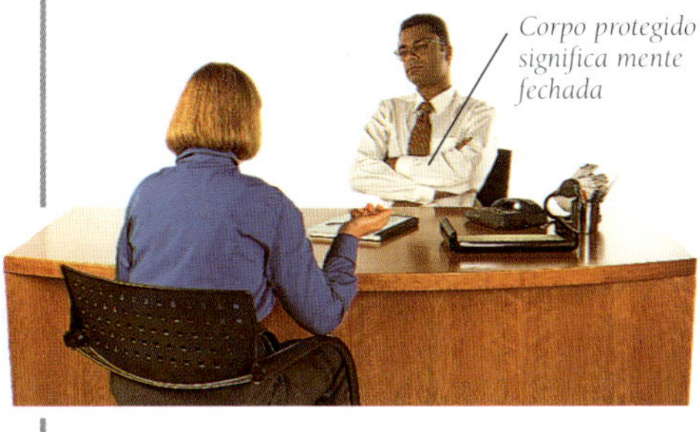

Corpo protegido significa mente fechada

◀ NA DEFENSIVA

Este homem está sentado em posição defensiva. Se você adota uma postura como esta –braços cruzados e corpo escorado para trás– o candidato perceberá que você não está receptivo.

Entrevistador tem a mão ao queixo, o que indica reflexão

POUCA ATENÇÃO ▶

Este entrevistador não aparenta estar concentrado na entrevista. Isso pode ser interpretado pela entrevistada como falta de entusiasmo pelo que ela está dizendo.

Como Estar em Forma

Pouco antes de uma entrevista começar, verifique se tudo está em ordem. Você possui as informações de que precisa? O equipamento –como um gravador– está funcionando? Você tem uma visão otimista sobre a tarefa que tem pela frente?

48 Esteja pronto para responder a questões e não só para fazê-las.

Ferramentas Corretas

Decida como fazer o registro da entrevista. Tomar nota é o método mais comum. É discreto, mas toma tempo e pode desviar sua atenção. Se escolher esse caminho, use um bloco em vez de rabiscar nas costas de um currículo que talvez você tenha de mostrar a mais alguém logo a seguir. Um método alternativo é gravar em fita cassete. Embora isso o libere para se concentrar, o candidato poderá ficar nervoso. Caso decida usar um gravador, sempre verifique se ele tem pilhas e providencie fitas cassete suficientes para a duração da entrevista.

49 Faça um checklist para usar na entrevista.

50 Peça permissão ao candidato antes de gravar a conversa.

Apresente-se Bem

Lembre-se de que você é um embaixador, apresentando sua empresa a um candidato quase na mesma proporção em que ele está se apresentando a você. Certifique-se de parecer alinhado e vestido apropriadamente. Se você estiver recrutando para uma empresa menos rígida, na qual os funcionários vestem roupas informais, faça o mesmo. Se for uma organização formal, vista-se mais sobriamente.

Você deverá estar bem informado sobre sua empresa. Recolha todos os detalhes relevantes e esteja disposto a responder a perguntas dos candidatos. Talvez seja boa idéia dar-lhes alguma informação impressa ou cópias do balanço anual.

51 Ajuste a roupa e alinhe o cabelo logo antes de iniciar uma entrevista.

PREPARE SEU MATERIAL

Há uma variedade de informações que você deve ter à mão durante uma entrevista, como estas:

- O que o cargo envolve, genérica e especificamente?
- A quem o novo funcionário estará subordinado?
- Que salário você pode oferecer e quando ele será revisto?
- Há chance (ou necessidade) de horas extras?
- Quais as perspectivas de promoção?
- Quais são os benefícios incluídos, tais como plano de previdência, assistência médica e licenças remuneradas?

▲ **ÚLTIMA CHECAGEM**
Imediatamente antes de uma entrevista, dê mais uma olhada no currículo do candidato. Certifique-se de que sua lista de questões extrairá os dados de que você precisa.

EXERCÍCIO DE CONCENTRAÇÃO

Cinco ou dez minutos antes de o candidato chegar (você deve presumir que ele esteja no horário, ou mesmo um pouco adiantado) examine os papéis dele. Repasse as questões que você quer fazer e a ordem em que você pretende encadeá-las. Focalize no tipo de pessoa que você está procurando e tente apagar a imagem de outros candidatos de sua memória. Então relaxe por um ou dois minutos. Encoste-se em sua cadeira, braços ao lado, e inspire profundamente. Expire lenta e continuamente várias vezes. Você se sentirá renovado e pronto para mais um candidato.

DETALHES ▶
Entrevistar pode ser cansativo. Revitalize-se entre uma e outra sessão com respirações lentas e profundas.

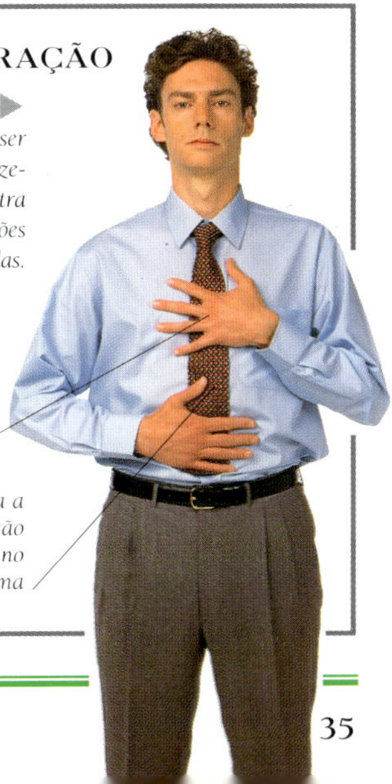

A Condução da Entrevista

Uma entrevista pode ser tão angustiante para o entrevistador quanto para o candidato. Conduza-a de forma que ambos os lados estejam à vontade e seus objetivos possam ser alcançados.

Como Iniciar

Os instantes iniciais de uma entrevista são críticos, pois é quando se formam as primeiras impressões. Qualquer que seja seu cargo, cumprimente os candidatos com a mesma cortesia e respeito que você gostaria de receber se estivesse do outro lado da mesa.

52 Se um candidato chegar muito cedo, informe-o quando ele será atendido.

Cumprimente o Candidato

Um cumprimento apropriado pode fazer muita diferença. Levante quando o candidato chegar, olhe-o nos olhos, sorria e dê um passo à frente para dar um aperto de mão firme (mas não "esmagador"). Chame-o pelo nome. Se houver outros na sala, apresente-os claramente e repita os nomes mais tarde no caso de o candidato tê-los esquecido. Peça ao entrevistado que se sente e ofereça o que beber –o que é muito importante se ele veio de longe para encontrá-lo. E lembre-se: não importa o quão nervoso você esteja, o candidato certamente estará mais.

Diferenças Culturais

Fique atento a diferenças culturais ao cumprimentar o candidato. Em alguns países, homens se cumprimentam com abraço e beijo. Em outras, homens e mulheres apenas se curvam para frente. O aperto de mão é, em geral, a opção mais segura, por ser aceito em quase todos os lugares.

DEIXE O CANDIDATO CALMO

Há momentos na vida em que se perde qualquer capacidade de tomar a iniciativa. Nessas horas, tudo o que se espera é que alguém lhe diga o que fazer. Entrar em uma sala para ser entrevistado é uma ocasião assim. Por isso, quando for fazer uma entrevista, tome a iniciativa para que o candidato fique à vontade. Mostre-lhe onde sentar e tente evitar causar embaraços. Por exemplo: se um candidato não está vestido com a formalidade que o momento requer, ou vira o café, minimize tais situações assim que houver oportunidade.

▲ **BOM RELACIONAMENTO INSTANTÂNEO**

Crie um relacionamento positivo com o candidato levantando-se para cumprimentá-lo. Incline-se e olhe nos olhos para ajudá-lo a relaxar.

53 Sorria, mas não em excesso, para não aparentar nervosismo.

COMO AVALIAR CANDIDATOS

Seu principal objetivo ao conduzir uma entrevista deve ser o de formar uma impressão da personalidade e das habilidades do candidato. Para tanto, você precisa complementar as informações do currículo com boas perguntas –e anotar tudo.

54 O "melhor" candidato pode ser apenas "bom" na entrevista.

55 Vista-se de uma maneira que não vá distrair o candidato.

56 Seja o mais natural possível durante a entrevista.

PRIMEIRAS IMPRESSÕES

Você já terá formado uma impressão sobre o candidato mesmo antes de a entrevista começar para valer. Evite qualquer preconceito que possa afetar sua primeira impressão –talvez você tenha reservas quanto a cabelos longos, um sotaque ou estilo de vestir. Da mesma forma, o candidato terá formado uma opinião sobre sua empresa. É difícil mudar uma imagem desfavorável depois de estabelecida. Portanto, transmita a melhor impressão tanto de você como da empresa.

Se possível, comece a entrevista com um bate-papo amigável para deixar o entrevistado –e você– à vontade. Pode ser sobre temas gerais como o clima, a localização do escritório, notícias recentes ou qualquer assunto que seja comum aos dois.

CONFIRA OS DADOS

Além de obter uma impressão geral das características do candidato, você deve checar os dados apresentados no currículo. Faça perguntas detalhadas sobre formação, experiência profissional e outras habilidades. Você pode deparar com fatos interessantes –por exemplo, que o candidato fala uma segunda língua porque um dos pais dele nasceu em país estrangeiro. Entrevistados podem ter habilidades que eles mesmos julgam irrelevantes mas que você reconhece como potenciais.

57 Observe se o candidato é tão entusiasmado quanto capaz.

LEMBRE-SE

- Pessoas que olham nos olhos são vistas como confiáveis.
- A mobília pode tanto mostrar status como agir como barreira.
- Deve haver evidência de ascensão profissional no currículo.
- As perguntas devem ter relação com pontos do currículo.
- Se você percebeu lacunas no currículo, a entrevista pode ser usada para esclarecê-las.

VERIFIQUE A TRAJETÓRIA PROFISSIONAL

Para avaliar se o candidato quer o emprego porque o considera importante para sua carreira ou por qualquer outra razão, pergunte-lhe como ele vê seu próprio progresso. Se você está entrevistando para uma grande corporação, que é usada como trampolim por jovens ambiciosos, veja se os objetivos do candidato correspondem aos da organização. Mesmo que alguém fique por pouco tempo, você pode aproveitar bem os talentos dele. Assim, vale a pena contratá-lo.

LACUNAS DE INFORMAÇÃO

Se houver lacunas no histórico profissional de um candidato, é importante descobrir qual a razão para isso. Lembre-se de que nem todos os "intervalos" são resultado de desemprego involuntário. Eles podem se dever a doença prolongada, licença para ter filhos, viagem ou ter de cuidar de pais enfermos. Mesmo os lapsos devidos a desemprego podem ser inofensivos à imagem do candidato. Faça perguntas abertas sobre quaisquer falhas e saiba por que elas ocorreram. Talvez você descubra que o candidato foi demitido ou demitiu-se por um bom motivo. Concentre-se em como o entrevistado empregou o tempo entre os períodos de trabalho assalariado.

58 Evite fazer perguntas pessoais irrelevantes para o cargo.

ATENÇÃO AOS DETALHES

Preste atenção a promoções ou continuidade em certas áreas. Os interesses do candidato refletem os requisitos desse cargo?

Avaliação de Habilidades

Em certos casos, as qualificações de um candidato são o suficiente para indicar capacidade de desempenhar uma função –presumindo-se que tais qualificações estejam atualizadas. Na maioria dos casos, no entanto, é mais valorizada a experiência de trabalho como indicativo de capacidade e aptidão. A sua responsabilidade como entrevistador é avaliar as habilidades profissionais, técnicas e práticas do candidato usando toda a informação disponível.

59 Atribua valores às habilidades relevantes dos candidatos.

Saiba como Avaliar Habilidades

Habilidade	Formas de Avaliação
Organizativa O candidato demonstra ser metódico e bem organizado?	Investigue a atitude do candidato quanto à organização. Pergunte como ele prefere ordenar sistemas de arquivos e como ele começaria a organizar um projeto hipotético.
Analítica Com que precisão e rapidez o candidato é capaz de analisar oportunidades de negócio e formular as melhores soluções?	Peça exemplos de habilidade de resolver problemas. Descreva uma situação difícil e solicite que o candidato produza uma solução.
Decisória Com que precisão e rapidez o candidato é capaz de tomar decisões complexas e colocá-las em prática?	Investigue experiências passadas. Que decisões difíceis o candidato já teve de tomar? Como ele chegou àquela decisão? Como ele lidou com as consequências de tais decisões?
Social O candidato se entrosará bem com os superiores, colegas e subordinados com quem estará trabalhando?	Investigue a experiência de trabalho em equipe. O candidato prefere trabalhar só ou em equipe? Pergunte-lhe como ele resolveria com um colega um problema hipotético.
Comunicativa O candidato comunica-se com clareza e segurança?	Avalie as habilidades verbais do candidato na própria entrevista. Pergunte sobre habilidades de escrita. Ele já escreveu relatórios longos? Pode mostrá-los?

...e da Personalidade

O comportamento do candidato é determinado por seus traços da personalidade, que, por sua vez, afetarão as relações interpessoais e o "clima" no local de trabalho.

Tente avaliar se o candidato se ajustará à cultura de sua organização e analise a cultura de trabalho das empresas em que o candidato trabalhou. Uma cultura que incentive o espírito de equipe, por exemplo, não será adequada para alguém que vem de um ambiente de intensa competição interna –lugares onde se incentiva a chamada "tensão criativa". O candidato sempre trabalhou em pequenas empresas, onde todos sabem de tudo? Se a sua organização for de grande porte, como ele se dará ao não ter acesso à tomada de decisões de negócios? Além disso, pense no equilíbrio do quadro atual. Você precisa, por exemplo, de um tipo específico de personalidade –como alguém extrovertido– para equilibrar uma equipe um tanto introvertida, ou vice-versa?

Embaixador da Empresa

Lembre-se: da mesma forma que você avalia o candidato, você e sua empresa são avaliados por ele. Há escassez de bons profissionais em várias áreas e, nesse caso, você precisa suar a camisa para atrair candidatos de primeira classe. Isso quer dizer que quando você encontra um candidato pela primeira vez você estará agindo como "embaixador" de sua empresa. Assegure a ele que você está preparado a mover mundos e fundos para achar a pessoa certa para o cargo. Demonstre que você está genuinamente interessado nisso e que quando ele começar a trabalhar na empresa ele será considerado um funcionário valioso.

60 Observe quando o candidato responde com entusiasmo. Isso pode indicar o que o motiva.

Pergunte ao Candidato

P Como você acha que contribuiria para essa empresa?

P O que você considera ser a maior conquista de sua vida?

P O que você está procurando antes de tudo no emprego?

P Onde você se vê dentro de cinco anos?

P Como você lida com pressões de prazo?

P Você gosta de ser parte de uma equipe ou prefere trabalhar sozinho?

P Como o seu melhor amigo o descreveria?

61 Dê retorno positivo para estimular mais discussões.

Como Controlar a Entrevista

Conduza a entrevista de forma a poder abordar todos os itens que mais lhe interessam. Você deve ser capaz de redirecionar gentilmente a conversa para outros assuntos ou apressar o andamento se o candidato detiver-se muito tempo em um tópico.

62 Separe alguns minutos para um bate-papo antes da entrevista.

Lembre-se

- Falar demais no começo pode ser sinal de nervosismo.
- Gagueira e atropelo de palavras e frases podem também ser sinal de nervosismo.
- Ir diretamente ao ponto mostra que o candidato está ouvindo com atenção.
- Não é necessariamente mau sinal o candidato deixar escapar alguma emoção.

Fluxo de Informações

Tente controlar "o fluxo de informações" durante a entrevista. Você pode, por exemplo, estimular o candidato a discutir temas delicados. Diga coisas como "Deve ter sido muito difícil para você demitir todas aquelas pessoas", para obter mais dados de como a situação foi tratada. Embora você deva sempre tentar tratar da maioria das questões planejadas, não se atenha rigidamente a elas se o entrevistado tiver algo inesperado a dizer sobre um tema diretamente relacionado ao cargo, por exemplo.

A Tática do Silêncio

Use também a tática do silêncio durante a entrevista. O silêncio não pode ser prolongado a ponto de deixar o candidato desconfortável, mas pode ser muito útil quando ele estiver claramente procurando palavras ou pensando uma resposta. Observe ainda como o candidato reage ao silêncio –ele tenta rapidamente preencher o vácuo com comentários apressados e impensados, ou tem a segurança suficiente para formular respostas coerentes para perguntas delicadas ou complexas?

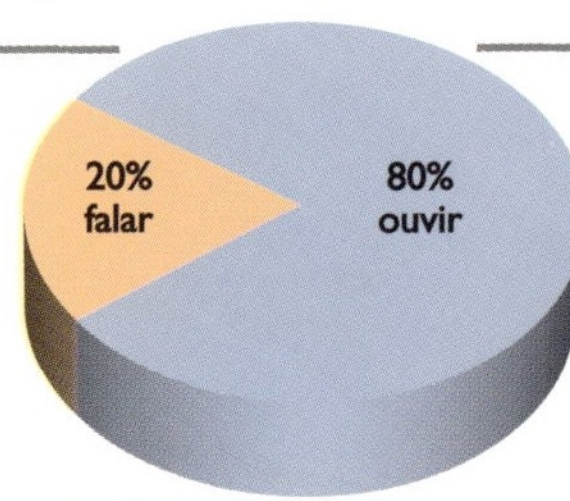

▲ **SABER OUVIR**
Fale 20% do tempo de uma entrevista e escute o candidato falar nos outros 80% da conversa.

Lidando com o Candidato

Candidatos com qualificações semelhantes podem ter personalidades absolutamente diferentes. Enquanto um parece ter tudo sobre controle, o outro está com os nervos à flor da pele. Você só poderá julgar méritos relativos se souber como eles reagem a determinadas situações. Em geral, faça a todos as mesmas questões. Por exemplo: veja se eles têm capacidade de lidar com situações de crise no trabalho. Se o entrevistado ficar perturbado ao responder a suas perguntas, tente acalmá-lo com cuidado. Faça uma outra pergunta que desvie a conversa do tema que parece estar incomodando-o.

63 Respeite o candidato que admite não saber uma resposta.

64 Se o entrevistado ficar perturbado, não perca a calma.

▲ **COMO ACALMAR UM CANDIDATO NERVOSO**
Se alguém estiver tendo dificuldades em explicar algo em particular, mude de assunto e volte a ele mais tarde.

A Linguagem do Corpo

Aprenda a "ler" os sinais do corpo, que podem ser tão reveladores quanto as palavras –principalmente em uma entrevista. Dificilmente um candidato consegue ser evasivo ou insincero por meio da linguagem corporal, pois ela é instintiva.

65 Espelhe os gestos do candidato para criar bom relacionamento.

66 Treine para identificar na hora a linguagem corporal das pessoas.

Observe o Candidato

Preste atenção na linguagem corporal do candidato enquanto ele está falando. As palavras correspondem ao que está sendo "dito" pelo corpo? A postura dele é defensiva mesmo enquanto fala sobre como tem "talento para lidar com as pessoas"? Em particular, observe os olhos do candidato. Ele os desvia sem o perceber quando seria de se esperar que estivessem olhando nos seus?

Como Controlar sua Linguagem Corporal

Fique atento a sua própria linguagem corporal e evite sinais adversos. Certas posturas e gestos do entrevistador podem transmitir sinais negativos e desencorajar o candidato a dar mais informações.

▲ **TÉDIO**

Bocejar durante a entrevista mostra tédio, embora possa ser devido ao nervosismo.

▲ **DESATENÇÃO**

Evite brincar com as mãos ou distrair-se. Pode parecer que você está preocupado com outras coisas.

▲ **IMPACIÊNCIA**

Olhar com frequência para o relógio pode parecer que você gostaria de estar em outro lugar.

▲ **BOM RELACIONAMENTO**
Estas duas pessoas estão claramente se entendendo: a linguagem corporal delas é aberta, tranquila e atenciosa.

Os Sinais Positivos

Uma pessoa de sorriso largo está dando um sinal muito positivo, enquanto outra, cujos olhos estejam fixos no chão, está transmitindo uma impressão negativa. No entanto, sinais positivos não são sempre tão óbvios. Uma pessoa segura tenderá a sentar-se ereta ou ligeiramente inclinada para frente, mesmo quando estiver sendo entrevistada por seu chefe potencial. Quando um candidato confiante não está falando, em geral suas pernas e seus braços ficam quietos e os olhos pousam firmes nos do entrevistador.

Cumprimentar com um aperto de mão pode dar-lhe uma impressão imediata do estado de espírito do candidato. Mãos quentes e secas indicam tranquilidade, enquanto mãos frias e suadas sugerem nervosismo.

Diferenças Culturais

Culturas diferentes têm normas próprias de linguagem corporal e de atitude pessoal. Em algumas, as pessoas são abertas e "fáceis", mesmo com estranhos. Em outras, elas se sentem invadidas se você sentar muito perto. Em dúvida, consulte colegas experientes.

LEMBRE-SE

- Nervosismo e bocejos podem ser contagiosos. É importante lembrar que o candidato pode estar espelhando a sua linguagem corporal.
- A linguagem corporal do candidato pode contradizer o que ele está falando.
- O falar lento indica que a pessoa está à vontade. O falar rápido pode ser sinal de nervosismo ou de grande entusiasmo.

INTERPRETE SINAIS SUTIS

Há muitas pistas sutis sobre o estado de espírito de uma pessoa. Preste atenção na posição do corpo, dos braços, das pernas e dos olhos.

Observe, também, o tom de voz, que é de grande importância para a impressão que se tem de alguém. Se você está preenchendo um posto gerencial ou função que envolva lidar com a imprensa, por exemplo, tenha em mente que um candidato com voz esganiçada terá dificuldade em atrair atenção e respeito. Por outro lado, é possível que essa pessoa fale assim apenas em ocasiões de muito nervosismo.

O CANDIDATO NERVOSO

Desenvolva sua habilidade de detectar nervosismo. Sinais comuns incluem o bater de pés, esfregar o nariz ou lábios com as costas das mãos, torcer as mãos, brincar com acessórios de escrita ou rasgar pedaços de papel. Observe também se o candidato sorri demasiadamente, o que pode indicar excessivo desejo de ser aceito. Se o entrevistado é incapaz de olhar nos olhos, você pode deduzir que ele não está se sentindo à vontade. Mas atenção: trate essas observações como nada mais que pistas para alertá-lo sobre aspectos aos quais ficar atento –comportamento aparentemente nervoso pode ter diversas outras explicações.

67 Observe gestos de mão –eles podem dizer muito.

Toque inconsciente nos lábios indica a busca de consolo

Mãos cruzadas sobre o corpo de forma defensiva

Pernas rígidas

MOSTRANDO NERVOSISMO
A posição dos pés deste candidato indica que ele não está à vontade. Esta impressão é reforçada pela posição das mãos, uma tocando os lábios, a outra posta sobre o corpo.

68 Ouça o candidato: um tom de voz alto pode indicar nervosismo.

O CANDIDATO EVASIVO

Fique atento a sinais que indiquem que um candidato está tentando fugir de uma questão –ou porque ele não sabe o que dizer ou porque a resposta revelaria algo que é preferível esconder. Uma boa variedade de sinais pode denunciá-lo:

- Evitar olhar nos olhos.
- Fazer rodeios e utilizar jargões que o confundam.
- Remexer-se, brincar com o cabelo ou com algum acessório, como uma caneta.

◀ **MOSTRANDO EVASÃO**
Este candidato está querendo sair pela tangente. O corpo e as pernas estão rijos, ele brinca com as mãos e olha ao redor para evitar ser olhado nos olhos.

O CANDIDATO ARROGANTE

Em geral, as pessoas ficam nervosas e precisam que alguém as deixem à vontade durante a entrevista. Mas há algumas que parecem tão confiantes que chegam a ser arrogantes. Elas tendem a falar longamente e a não escutar, dando a impressão de que gostam do som da própria voz. Tal comportamento pode ser decorrente da sensação de ser "bom demais para o emprego" ou, na verdade, esconder falta de autoconfiança. Contenha esses candidatos mantendo um estilo formal de entrevista e fazendo uma série de perguntas difíceis. Eles podem responder ao desafio –ou ficar na defensiva.

MOSTRANDO ARROGÂNCIA ▶
A linguagem corporal deste candidato sugere arrogância. Ele está esparramado na cadeira de forma altiva, com as pernas cruzadas. Os gestos de braços são largos.

Como Aplicar Testes

Há vários testes disponíveis que podem ser usados para avaliar habilidades –tanto aspectos gerais como capacitação técnica específica. Bancas entrevistadoras e troca de papéis são outros métodos populares de testar aptidões.

69 Só use testes elaborados por fontes conceituadas.

Lembre-se

- Testes não devem substituir entrevistas face a face, mas complementá-las.
- Testes de personalidade produzem um perfil de características, mas não dizem se o candidato vai desempenhar bem a função.
- Você pode ter testes de personalidade feitos sob medida para sua organização ou comprá-los prontos.
- A equipe precisa ser treinada especialmente para interpretar a maioria dos testes de personalidade.

Os Testes Apropriados

Se você for aplicar qualquer tipo de teste, informe os candidatos de antemão, por escrito, definindo claramente os critérios pelos quais eles serão avaliados. Ao decidir que testes utilizar, escolha os que são diretamente relacionados ao cargo. Sempre garanta que eles sejam aplicados sob as exatas condições estipuladas –em alguns países, ações judiciais podem surgir de testes aplicados impropriamente. Se você pretende aplicar testes regularmente durante o tempo em que o funcionário estiver em sua empresa, coloque isso na descrição do emprego e explique tudo de novo na entrevista.

Aptidão

Há testes escritos, relativamente simples, que medem capacidades como leitura, escrita, clareza verbal e habilidade de lidar com números. Eles são à prova de "cola", o que significa que produzem um retrato muito acurado das aptidões de um candidato. Se você receber respostas de um grande número de candidatos aparentemente adequados, convide-os a se submeter a uma série de testes de aptidão como forma de reduzir a lista de prováveis contratados. Tenha instalações adequadas para os testes, pois eles devem ser aplicados sob condições apropriadas.

70 Atualize os testes que você utiliza regularmente.

71 Leia os resultados do teste como um todo, não por item.

PERSONALIDADE

Os "testes de personalidade" costumam englobar provas verbais, visuais e escritas. Partem do princípio de que características pessoais são mensuráveis. A presença ou ausência de certos traços corresponderia à sucesso no local de trabalho e, assim, adequação para um cargo. Para usar efetivamente tais testes, você primeiro precisa ter uma idéia clara da especificação do cargo e do tipo de personalidade que se ajustaria a ele.

72 Você pode ter um grafologista para checar a caligrafia do candidato.

PSICOMÉTRICOS

São um tipo de teste de personalidade usado largamente para avaliar características psicológicas de candidatos. Como empregador, você provavelmente usará este método em um de três modos:

- Para observar a frequência com que um certo tipo de comportamento é repetido.
- Para descobrir o poder de auto-observação do candidato.
- Para ver como ele reage a certas situações.

73 Use testes psicométricos em complemento a outras avaliações.

ANÁLISE DA CALIGRAFIA

Muitas empresas de grande porte empregam grafologistas para interpretar as características reveladas pela caligrafia de candidatos. Lembre-se de não tomar isoladamente o resultado de tal teste, mas junto com a avaliação feita durante a entrevista.

BUSQUE ESPECIALISTAS

Ao analisar a caligrafia de um candidato, não tente fazer seus próprios julgamentos subjetivos –confie a análise a um especialista em grafologia.

Ritmo regular das letras indica coerência

Letras T eretas revelam entusiasmo

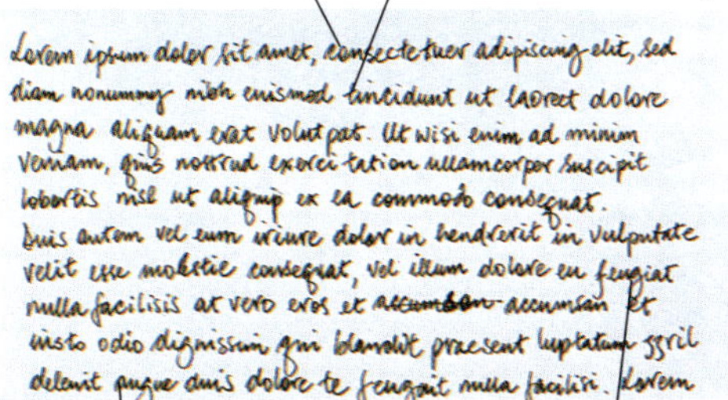

Rabiscos iniciais sugerem dependência

Arcos sugerem diplomacia

TESTES TÉCNICOS

Cogite usar uma banca para entrevistar candidatos a vagas que requeiram teste de conhecimentos especializados –como em engenharia, por exemplo. Decida de antemão as áreas de especialização que cada entrevistador vai cobrir –você pode se concentrar no currículo do candidato, enquanto seus colegas tratam de questões de detalhamento técnico. A pressão nesse tipo de entrevista é grande e muitas vezes descobre-se falta de experiência dos candidatos.

LEMBRE-SE

- Cada entrevistador deve ser responsável por desenvolver um tema específico.
- Entrevistas com banca são mais intimidadoras que as um a um.
- Candidatos internos muitas vezes estão menos nervosos que os externos ao competir pela mesma vaga.

▲ **A BANCA**
Se você assume o papel de entrevistador-líder, mantenha controle firme sobre os procedimentos e não deixe que ninguém se desvie do propósito do teste: verificar o conhecimento do candidato.

74 Pergunte por que candidatos internos querem mudar.

INTELIGÊNCIA

O teste de QI (Quociente de Inteligência) é hoje usado para comparar crianças em idade escolar. Você pode empregar meios mais sofisticados de mensuração verbal, abstrata e numérica que foram preparados para uso em locais de trabalho. Uma aposta internacional está sendo feita no GMAT (Graduate Management Admissions Test, em inglês), que se tornou um pré-requisito de entrada na maioria das escolas de administração de melhor qualidade.

Simulação

Pôr candidatos em situações simuladas de trabalho permite analisar como eles se sairão no emprego. Aplique testes de simulação nos estágios finais do processo de seleção, quando você terá reduzido o número de candidatos a uma pequena lista. No entanto, por mais realista que seja, o teste nunca reproduzirá relacionamentos interpessoais –que levam tempo para se desenvolver e são cruciais para a motivação pessoal.

75 Avise aos candidatos que serão aplicados testes.

Saiba como Escolher o Teste Adequado

Tipos	O que Levar em Conta
Aptidão Mede habilidades genéricas, como numérica, escrita e verbal.	● É útil no começo do processo de seleção e de entrevistas. ● Precisa ser aplicado em ambiente controlado, como uma sala sossegada de reuniões.
Personalidade Mede traços de personalidade. Testes psicométricos são também usados para este fim.	● Apropriado para funções delicadas, no serviço diplomático ou em departamentos de atendimento a clientes. ● Este teste toma tempo e deve ser aplicado em ambiente controlado.
Caligrafia Avalia aspectos da personalidade usando caracteres de caligrafia (grafologia).	● Útil apenas em conjunto com uma variedade de testes, como forma de confirmar outros resultados. ● Diversas amostras devem ser analisadas, pois a caligrafia varia em situações de estresse.
Técnico Testa habilidades técnicas, como operação de máquinas.	● Útil em estágio tardio do processo de entrevistas. ● Pode consumir tempo e ser inferiorizante para candidatos que tenham as qualificações e experiência exigidas.
Inteligência Compara os resultados de um escolar à média de jovens da mesma idade.	● Pode não ser apropriado, a menos que alguns dos entrevistados sejam jovens graduados. ● Útil quando a empresa precisa filtrar muitos candidatos jovens e de qualificação semelhante.
Simulação Coloca candidatos em situação simulada de trabalho relevante à vaga em disputa.	● Este faz mais sentido para funções em que relacionamentos de trabalho não sejam prioridade. ● Não é útil em seleção inicial, apenas em estágio avançado no processo de entrevistas.

Como Encerrar

Toda entrevista deve ser encerrada de forma educada e sem pressa –mesmo que o candidato não seja adequado. Como "embaixador" de sua empresa, lembre-se de que o modo como você finaliza a entrevista pode criar uma impressão que vai durar para sempre.

76 Diga aos candidatos quantas entrevistas estão programadas.

77 Tenha a mente aberta ao longo de toda a entrevista.

78 Dê aos candidatos a chance de reconsiderar a solicitação deles.

Incentive Perguntas

Perto do final da entrevista, indague se o candidato tem alguma pergunta por fazer. Se ele tiver tido o trabalho de averiguar sua empresa, pelo menos uma pergunta interessante ele terá.

A maioria das questões, porém, surge espontaneamente dos temas discutidos na entrevista. São muitas vezes sobre detalhes específicos e perspectivas do cargo. Prepare-se de acordo para responder à maioria das perguntas razoáveis que surgirem. Você pode saber mais sobre o candidato pelo modo como ele as faz. Por exemplo, aqueles que começam com "Eu sei que essa é uma pergunta idiota, mas..." podem ter tendência a se autodepreciar e talvez não imponham uma imagem confiante na empresa.

Como Induzir Perguntas

Se o candidato está sufocando de perguntas por fazer mas você julga que ele não seja adequado para a vaga, agradeça e termine a entrevista. Senão, sintetize os pontos cobertos para ver se isso estimula uma linha de questionamento:

"Há algo mais que eu possa dizer-lhe sobre a estrutura do departamento?"

"Você pareceu-me curioso sobre o treinamento. Você quer perguntar-me sobre isso?"

"Há algo sobre o cargo que você não tenha entendido e gostaria de esclarecer?"

AMARRE AS PONTAS SOLTAS

Ao final da entrevista, verifique se você obteve tudo o que precisa saber sobre o candidato. Descubra quanto tempo de aviso prévio eles têm de cumprir para deixar o atual emprego. Informe quando você entrará em contato caso seja preciso uma segunda entrevista e se o será por telefone ou por escrito. Diga-lhe, se apropriado, para telefonar-lhe caso não tenha sido contatado até a data especificada. Acima de tudo, leve em conta os sentimentos do candidato. Seja sincero e explícito em qualquer instrução ou informação que venha a dar.

AGRADECER AO CANDIDATO
Ponha-se em pé para indicar o final da entrevista, agradeça a presença e aperte a mão do candidato. É gentil fazer isso mesmo que ele não seja adequado para a vaga.

79 Sempre preserve a dignidade e auto-estima do entrevistado.

FAZENDO UMA OFERTA ESPONTÂNEA

Talvez você descubra ao final de uma entrevista ter encontrado o candidato ideal. Não se arrisque a perdê-lo. Pergunte imediatamente se ele está de fato interessado na vaga. Se ele disser que sim, faça uma oferta provisória. Embora isso não seja prática comum em muitos setores, é muitas vezes prudente seguir seus instintos em certas situações. Certifique-se, no entanto, de que sua decisão seja racional e não fruto da empolgação do momento.

A ANÁLISE DA ENTREVISTA

Avalie as informações que você obteve. Use-as para fazer a seleção final, junto com uma segunda entrevista. Depois, faça a proposta e saiba lidar com os reprovados.

AS PRIMEIRAS IMPRESSÕES

Quando são muitas as entrevistas, todas parecem iguais. Para evitar possíveis confusões, faça anotações assim que o candidato deixar a sala. Só dessa forma você será capaz de distinguir entre as características de cada entrevistado.

80 Confie em seu instinto em caso de dúvida sobre um entrevistado.

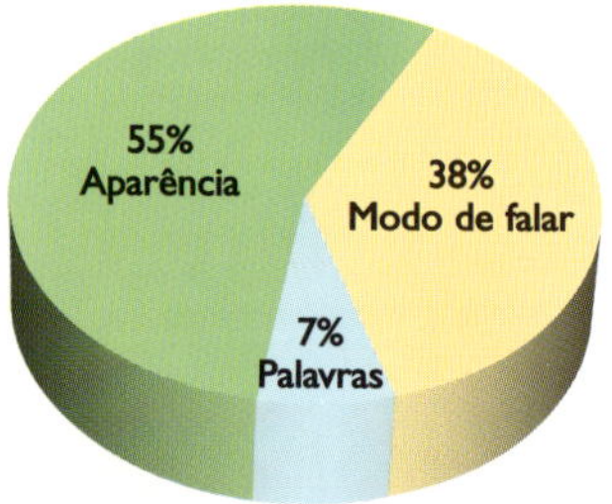

▲ **ESTATÍSTICA**
Cerca de 55% de nossas primeiras impressões sobre uma pessoa decorrem de sua aparência, 38% da forma como ela fala e meros 7% das palavras que ela emprega.

SIGA SEU INSTINTO

O instinto é uma ferramenta útil e poderosa e, como tal, não deve ser ignorado. Ele se apóia em anos de um trabalho inconsciente de extração e compilação de informações fornecidas pela experiência. Sempre anote suas primeiras impressões sobre um candidato, porque naquele momento seu instinto estará trabalhando a todo vapor. Embora primeiras impressões baseiem-se muito em aparência e modos, questione-se sobre outras características fortes do candidato. Você achou sua apresentação marcante? Ele mostrava ter autoconfiança?

81 Não faça pré-julgamento de nenhum candidato.

EVITE PRECONCEITOS

Ao analisar entrevistas, não permita que preconceitos pessoais o influenciem a julgar pessoas com base em suas noções de classe social, sexo, religião, idade ou raça. Por exemplo, evite presumir que quem frequentou a mesma escola que você seja superior a quem não o fez. Também fique atento aos testes que você aplica, pois muitos foram elaborados usando um único grupo social como base e podem ser tendenciosos.

SEGUNDAS OPINIÕES

É sempre recomendável procurar uma segunda opinião sobre um candidato. Por exemplo, se um de seus colegas o entrevistou no passado, troque impressões com ele o mais cedo que puder e discuta qualquer ponto de desacordo. Se você for o único entrevistador, tente descobrir quem entre seus colegas pode ter encontrado o candidato um dia, no corredor, tomando cafezinho. Também pergunte às recepcionistas que impressão tiveram sobre ele: gentil, calmo, perturbado, nervoso? Some tudo a suas impressões pessoais para ter um retrato mais completo.

82 Tente imaginar como é o candidato fora da sala de entrevista.

CONSULTE A RECEPCIONISTA
Verifique com sua recepção que impressões o candidato causou. A opinião dos funcionários dá informações extras sobre a personalidade de uma pessoa e sobre sua adequação ao cargo.

COMO FAZER A PRÉ-SELEÇÃO

Você já registrou suas impressões sobre o candidato? É hora de fazer a "lista dos indicados", ou seja, aqueles que devem ser convocados para a segunda entrevista. Idealmente, entre três e seis nomes merecem estar na "finalíssima" para a vaga.

83 Informe o candidato de que checará suas credenciais.

AS PRIMEIRAS COTAÇÕES

Releia todas suas anotações –tanto as feitas durante a entrevista como as impressões e recordações que você rabiscou depois que o candidato havia saído. Use canetas coloridas diferentes para sublinhar comentários acerca de habilidades e personalidade. Por exemplo, use azul para conhecimentos de computação, verde para experiência e vermelho para traços de personalidade. Isso lhe dará uma impressão geral sobre os pontos fortes e fracos de cada candidato. Dessa maneira, atribua uma cotação a todos os candidatos e selecione os primeiros para exame mais detalhado.

84 Guarde tabela de requisitos, referências, anotações e CV do candidato.

O RANKING

Coloque os entrevistados de um lado e seu candidato ideal do outro e faça a comparação. Para isso, pegue uma tabela de requisitos em branco, divida seus critérios entre os que o candidato deve ter e os que seriam um bônus. Então, examine as tabelas de requisitos de cada candidato para checar quais possuem as qualidades obrigatórias. Elimine o resto. Verifique entre os remanescentes quantas "qualidades-bônus" cada candidato possui. Atribua um peso a essas qualidades opcionais de acordo com a importância delas para a vaga e faça uma espécie de *ranking* de candidatos mais adequados, de cima para baixo.

85 Faça uma pasta separada para cada um dos candidatos.

86 Não redija a lista até que todos tenham sido entrevistados.

A PRÉ-SELEÇÃO

Cheque suas notas sobre a entrevista

↓

Releia o currículo e as tabelas de requisitos

↓

Converse com colegas e peça conselhos

↓

Pense em quem melhor se adequa à cultura de sua empresa

↓

Estabeleça pré-lista de novas entrevistas

A LISTA DOS FINALISTAS

Depois de montar o *ranking* de todos os candidatos, chegue à "lista dos indicados" escolhendo os cinco ou seis primeiros. Mantenha a lista curta –ela deve incluir só quem você convocará para segunda entrevista; alongá-la é desperdício de tempo e dinheiro. Use a lista –com um breve resumo das qualidades mais relevantes de cada candidato– para mostrar a outros entrevistadores ou à gerência, ou arquive-a depois da seleção como referência para novo processo de recrutamento.

Decida entre checar as referências do candidato neste momento ou depois da segunda entrevista. Pode ser um longo processo, mas é bom fazê-lo logo –é irritante escolher alguém e descobrir logo adiante que tinha péssima reputação. Sempre avise ao candidato que você checará as fontes de referência apresentadas, pois algumas podem ser empregadores atuais e o contato talvez ponha em risco seu emprego.

87 Não mude os critérios só por não achar ninguém.

REPETIR O ANÚNCIO OU ALTERAR ESPECIFICAÇÕES?

Se nenhum dos candidatos for adequado para o cargo, há duas opções. Uma é anunciar novamente –talvez em outra publicação– na esperança de atrair melhores candidatos. Outra, alterar as especificações –por exemplo, transferindo alguns aspectos para outra pessoa– e então procurar alguém qualificado para a função modificada.

LEMBRE-SE

- Não há candidato perfeito.
- Se o cargo envolver questões de segurança, vale a pena checar logo as referências do candidato.
- Não dê importância demasiada a um único aspecto de personalidade.
- Anotações detalhadas da entrevista facilitam o processo de pré-seleção.

Como Convocar Novas Entrevistas

Ao convidar candidatos para uma segunda entrevista, tenha bom senso: não os faça passar pelos mesmos procedimentos e questões da primeira visita. Antes de "montar" uma entrevista diferente, porém, defina o que exatamente você quer conseguir com ela.

88 Ofereça-se para pagar despesas de transporte para a segunda entrevista.

89 Pergunte se o candidato ainda quer a vaga antes de reconvocá-lo.

Reavalie seus Motivos

Reconvoque os candidatos pelos seguintes motivos (ou não os faça perder tempo):

- Para apresentá-los a outros membros da empresa.
- Para conhecê-los melhor, com novas perguntas e testes diferentes.
- Para compará-los uma vez mais com outros candidatos pré-selecionados antes de definir quem é o "vencedor".

Saiba como Fazer a Segunda Chamada

Quando você telefonar para os candidatos sugerindo uma nova entrevista, verifique se eles ainda estão interessados na vaga. Seja discreto e fique atento para não provocar situações embaraçosas para eles, se estiverem no local de trabalho. Marcar hora pode ser mais difícil na segunda vez, porque você provavelmente terá de contar com mais pessoas –colegas e diretoria. Além disso, talvez seja boa idéia programar as entrevistas para horários próximos: isso facilitará a comparação entre os candidatos remanescentes enquanto a lembrança deles ainda está "fresca" em sua mente.

▲ CAUTELA
Ao telefonar para reconvocar candidatos, sempre certifique-se de que eles possam falar livremente.

O Importante É Comparar

Há assuntos que não foram suficientemente cobertos na primeira entrevista? Esqueça. A segunda vez não é para "tapar buracos". Ela deve ser vista como a oportunidade de contrapor um candidato aos outros. Observe os pontos fortes e fracos de uma pessoa e compare-os com os das outras. Compare também planos e ambições futuras. Que chance cada um teria de ser promovido?

Se você estiver selecionando colegas para auxiliá-lo na entrevista, escolha aqueles que possam oferecer conhecimentos específicos. Um diretor, por exemplo, terá extensa experiência em avaliar a contribuição potencial geral de um candidato para a empresa.

90 Elabore um sistema de arquivos para guardar os currículos.

91 Defina previamente que perguntas caberão a cada entrevistador.

Como Selecionar Entrevistadores

Quem		Por quê
	**Colega** Um colaborador próximo da pessoa a ser selecionada.	• Os colegas entendem exatamente o que está envolvido na função e, assim, qual candidato em particular possui qualidades adequadas a ela. • Os colegas talvez tenham de trabalhar muito perto do novo contratado, portanto devem descobrir se poderão se entrosar bem com ele.
	**Gerente de RH** Um especialista em recursos humanos.	• O departamento de pessoal tende a ter os entrevistadores mais habilidosos da organização. • O departamento de pessoal pode ser objetivo e sistemático acerca do processo de seleção, já que ele será responsável por administrar ganhos e perdas em termos de recursos humanos para a empresa.
	**Diretor** Experiente em avaliar novos funcionários potenciais.	• A presença de um diretor é lisonjeira para o candidato, pois demonstra que a contratação está sendo estudada em nível de diretoria. • Um membro da diretoria pode acrescentar sua vasta experiência profissional e o conhecimento dos interesses da organização.

COMO ASSOCIAR O CANDIDATO AO CARGO

A segunda entrevista pode ser sua última chance de descobrir o candidato perfeito para a vaga. Por isso, comparação é a palavra-chave: entre requisitos do cargo e habilidades pessoais, e entre os vários candidatos. Uma boa idéia é aplicar testes reais.

92 Referências pessoais tendem a ser um tanto subjetivas.

93 Saiba qual o horário ideal para falar com as referências.

PECULIARIDADES DA SEGUNDA ENTREVISTA

Na segunda entrevista, o importante é comparar habilidades dos candidatos e requisitos do cargo e descobrir quanto há de coincidência entre os dois. Se você decidir fazer um exame prático com os entrevistados, pense quais são os aspectos da função em que vale a pena testá-los e garanta que o teste esteja bem próximo da realidade.

TESTES REAIS ▼

Use as segundas entrevistas para testar candidatos em áreas específicas relacionadas ao cargo.

Entrevistadora supervisiona teste de computação elaborado por ela

Candidato demonstra conhecimentos de computador

HABILIDADES X REQUISITOS

1. Coloque os dez requisitos principais do cargo em ordem decrescente
2. Atribua a cada requisito um valor entre 10 e 1
3. Avalie as habilidades dos candidatos nos requisitos, em escala de 10 a 1
4. Some as duas avaliações para cada requisito
5. Some os resultados totais de cada candidato
6. Os dois com melhores resultados serão sua primeira e segunda escolhas

95 Boas qualidades não compensam deficiências graves.

94 Peça ao candidato que explique discrepâncias entre o que ele diz e o que a referência diz sobre ele.

COMO CHECAR REFERÊNCIAS

Se você for checar as referências de um candidato nessa fase, prepare uma lista de perguntas por fazer –por exemplo, por quanto tempo a pessoa o conhece, em que funções o acompanhou, o que sabe sobre sua pontualidade e capacidade de cumprir prazos. Comece investigando as referências profissionais (recentes) e por escrito. Depois, telefone para a referência para conversar sobre os pontos fortes e fracos do candidato com mais detalhe. Lembre-se de discutir os interesses do candidato fora do emprego. Se ele disse que faz "trabalho filantrópico", descubra o que é isso e se seu envolvimento é real. Quanto tempo a filantropia toma do candidato?

COMO CHEGAR AO TITULAR (E AO RESERVA)

Use o sistema ao lado para fazer a primeira e a segunda escolhas –o titular e o reserva– com base na capacidade profissional. Coloque lado a lado os resultados "técnicos" dos dois candidatos e a intuição que você tem sobre cada um deles. (Isso dependerá, em parte, de as respostas deles terem sido satisfatórias nas áreas mais importantes para a empresa.) Se houve colegas envolvidos nessa fase da segunda entrevista, peça a opinião deles e junte-as às suas. Equilibrando qualidades técnicas e pessoais, faça a "convocação" final do titular. Caso você não tenha autoridade para fazer a escolha sozinho, apresente também o reserva ao executivo encarregado da decisão e obtenha a aprovação dele.

Como Fazer a Proposta

Não importa quão satisfeito e aliviado você esteja se sentindo por ter encontrado o funcionário ideal; concentre-se nos detalhes da proposta. Primeiro faça a oferta verbalmente. Depois coloque-a no papel pedindo o "sim" por escrito.

96 Detalhe a oferta de emprego ao escolhido.

97 Ofereça um salário que seja justo e competitivo.

98 Confirme a oferta por escrito para evitar confusão.

Primeira Fase: Verbal

Comece por oferecer o emprego verbalmente –pode ser tanto na hora, no final da segunda entrevista, como por telefone. Esboce o pacote de benefícios que vêm com o cargo e dê ao candidato tempo para fazer perguntas. Se ele rejeitar sua oferta verbal, pergunte se é possível negociar. Caso a resposta ainda seja "não", dirija-se para a sua segunda escolha. Alguns candidatos podem pedir ao atual empregador que cubra a oferta feita por você. Nesses casos, pense bem: talvez não valha a pena continuar negociando com eles.

Segunda Fase: por Escrito

Se sua oferta verbal for aceita, encaminhe o mais cedo possível confirmação por escrito dos termos e condições da vaga. Um acordo não vale até que a oferta por escrito seja também aceita por escrito. Ao elaborar uma carta de proposta, inclua:

- Nome do cargo, descrição e horas de trabalho.
- Salário anual.
- O pacote de benefícios da empresa.
- Quaisquer condições agregadas à oferta, como a realização de exames médicos.
- Uma data limite para o funcionário potencial devolver a proposta assinada, aceitando ou rejeitando os termos e condições do cargo.

Como Lidar com o "Quem Dá Mais"

Pessoas com habilidades em alta em sua área de atividade podem querer promover um pequeno "leilão" entre a sua proposta e uma outra, para melhorar o salário. Você até pode aumentar o lance, mas prometa que será só uma vez. E estabeleça um prazo para a aceitação ou rejeição da segunda proposta.

SAIBA NEGOCIAR O SALÁRIO

Negociações salariais devem ser deixadas para bem mais tarde no processo de seleção. A prioridade é conseguir o melhor candidato possível ao menor preço viável –nessa ordem. Prepare uma estratégia para apresentar a oferta de salário e decida como negociar se o candidato rejeitá-la. Certifique-se de que o salário que você está oferecendo está dentro da média do mercado. Senão, modifique-o de forma a torná-lo competitivo, sempre tendo o orçamento da empresa em mente. Procure outras formas de deixar o pacote mais atrativo. Você pode oferecer mais benefícios em vez de dinheiro, como um carro da empresa ou financiamentos generosos de viagens? Ou uma revisão salarial em pouco tempo? Há um sistema de bônus por desempenho na empresa? O candidato pode ser incluído nele imediatamente?

E SE VOCÊ RECEBER UM "NÃO" COMO RESPOSTA?

Conte com uma resposta positiva, pois é o que acontece na maioria das vezes, e trate de marcar a data de "estréia" do novo funcionário. Se, no entanto, você receber um "não" por escrito, volte à lista de pré-selecionados e recomece o processo com o segundo escolhido. Negocie de forma individual com o candidato que fizer demandas extras, pois essas podem ser negociáveis. Por exemplo, se você considera mais aceitável um pedido de maior salário em vez de um carro da empresa, ambos os lados sairão ganhando.

▼ AÇÃO RÁPIDA

O candidato escolhido não se demitirá até que você envie a oferta por escrito. Faça-o rapidamente, para que ele possa cumprir o aviso prévio e começar no novo emprego o mais cedo possível.

Carta concisa é enviada prontamente

99 Defina uma data para a resposta do candidato.

COMO TRATAR OS CANDIDATOS REPROVADOS

Sempre notifique os candidatos rejeitados o mais cedo possível, especialmente se tiverem entrado na lista final. Se eles ficarem curiosos em saber por que não foram chamados, dê-lhes um retorno construtivo que possa ajudá-los em tentativas futuras.

100 Ao escrever a carta de rejeição, ponha-se no lugar de quem a receberá.

LEMBRE-SE

- O ambiente dos negócios muda muito. O rejeitado de ontem pode ser a estrela de amanhã.
- O candidato recusado pode ser adequado para ocupar uma vaga em outras áreas da empresa.
- Se você pretende passar os dados do candidato rejeitado para outro departamento, não deixe de avisá-lo.
- Lembre que os dados do candidato são sigilosos.
- Todo mundo é recusado em algum momento da vida, mas ninguém espera mesmo por isso. Você deve ser gentil e otimista ao dar a notícia de uma rejeição.

A REJEIÇÃO POR ESCRITO

É uma questão de cortesia escrever a cada candidato rejeitado sobre sua decisão. Seja gentil e sucinto, agradecendo pelo interesse na vaga e explicando, em termos gerais, por que ele não foi o escolhido. Nessa fase tardia do processo de recrutamento, o número de candidatos envolvidos não será vasto, por isso tente enviar cartas individualizadas.

Cara Sra. Almeida

Obrigada por comparecer à entrevista do dia 18 de janeiro para o cargo de gerente de vendas da TRC.

Sinto informá-la de que não poderemos oferecer-lhe o cargo. Tivemos muitas respostas a nosso anúncio, com vários candidatos altamente qualificados para a vaga, incluindo a senhora. Embora apreciemos seus conhecimentos linguísticos, achamos que sua falta de conhecimento técnico de engenharia seria uma deficiência.

Com sua permissão, manteremos seus dados para futura referência.

Atenciosamente,
Dóris Duran
Gerente de Recursos Humanos

Agradeça ao candidato a participação

Vá direto ao ponto em seu texto

Dê uma razão válida para a rejeição

Peça permissão para arquivar os dados

UMA CARTA RÁPIDA E GENTIL ▶
Não enviar uma resposta gentil o mais cedo possível a candidatos recusados cria a impressão de que a empresa é mal-administrada e mal-educada.

APROVEITE OS DADOS

Depois de receber a autorização dos candidatos, coloque seus dados em arquivo. Se você já tiver começado um banco de dados sobre os entrevistados, atualize-o com base nas últimas entrevistas. Chame a atenção de colegas para candidatos promissores que você tenha recusado para um cargo específico –essa pode ser uma forma econômica de preencher outra vaga, uma vez que poupa o gasto com novos anúncios de emprego.

101 Apresente as pessoas e as instalações ao novo funcionário.

DIFERENÇAS CULTURAIS

É prática comum na América do Norte rejeitar os candidatos a um emprego de forma ríspida e direta, uma vez que o fracasso é considerado apenas um degrau para o sucesso. No Japão, porém, o tom e o fraseado são muito sutis, para evitar ofender ou desapontar o candidato recusado.

NÃO FUJA DAS PERGUNTAS

Caso receba telefonemas de candidatos rejeitados buscando saber o porquê da recusa, sempre dê-lhes pelo menos uma razão. Não seja evasivo nem os descarte dizendo que ligará de volta. Atenda-os na hora e trate-os com sinceridade, pois cada conselho seu pode ser útil para eles em uma próxima entrevista. Isso vale mesmo quando o "visual" da pessoa tenha sido o ponto fraco determinante. Passe a informação adiante em termos gentis: "Sua aparência poderia melhorar com um pouco mais de cuidado". Isso é menos ofensivo do que "Você parecia um homem-das-cavernas".

COMBINE SUAVIDADE COM SINCERIDADE

Sempre seja gentil ao rejeitar candidatos, tanto verbalmente como por escrito. Introduza uma ou duas frases afirmativas para amaciar o impacto, mas nunca dê desculpas fracas.

"*Sua falta de domínio do alemão é um problema, pois esperamos que a Alemanha se torne um mercado importante.*"

"*Sentimos que o cargo necessita de mais experiência em gerência de linha, o que você ainda não tem.*"

"*Você tem talentos consideráveis; gostaríamos de manter contato para o caso de algo mais aparecer.*"

"*Nós oferecemos a vaga a uma pessoa com os requisitos ideais. Você era o próximo da lista.*"

TESTE SUAS HABILIDADES

A prática é a maneira mais eficiente de desenvolver e aprimorar as técnicas de entrevista. Mensure o seu progresso e desempenho como entrevistador selecionando as opções abaixo que mais se aproximem de sua experiência real. Procure ser 100% sincero. Se a opção for "nunca" marque 1; se for "às vezes", marque 2; e assim por diante. Some tudo e consulte o quadro Análise de Resultados (pág. 69). *Use o teste para melhorar.*

CONTAGEM

1 Nunca

2 Às vezes

3 Várias vezes

4 Sempre

1 Eu reavalio a descrição do cargo a cada nova vaga que surge.

1 | 2 | 3 | 4

2 Eu faço uma lista detalhada dos requisitos e do que se espera em cada cargo.

1 | 2 | 3 | 4

3 Eu levo em conta vários métodos de recrutamento diferentes.

1 | 2 | 3 | 4

4 Eu escrevo anúncios que atraem muitos candidatos adequados.

1 | 2 | 3 | 4

5 Eu identifico a melhor publicação para anunciar a vaga.

1 | 2 | 3 | 4

6 Eu comparo cada currículo com a especificação do cargo.

1 | 2 | 3 | 4

7 Eu escolho locais adequados para realizar as entrevistas.

1 2 3 4

8 Eu me preparo com cuidado antes de cada entrevista.

1 2 3 4

9 Eu instruo os colegas com clareza antes de entrevistas conjuntas.

1 2 3 4

10 Eu revejo o currículo e a carta de apresentação do candidato antes da entrevista.

1 2 3 4

11 Eu sei como deixar à vontade um candidato nervoso.

1 2 3 4

12 Eu controlo o rumo das entrevistas com segurança.

1 2 3 4

13 Eu tomo o cuidado de checar as qualificações que o candidato diz ter.

1 2 3 4

14 Eu peço a cada candidato que explique as lacunas de seu histórico profissional.

1 2 3 4

15 Eu incentivo todo candidato a falar sobre experiências anteriores.

1 2 3 4

16 Eu estimulo candidatos tímidos a falar sobre si mesmos com segurança.

1 2 3 4

17 Eu examino os pontos fortes e fracos dos candidatos.

1 2 3 4

18 Eu dou a cada candidato uma imagem clara e positiva da organização.

1 2 3 4

19 Eu pergunto a cada candidato como ele supõe poder ajudar a organização.

1 2 3 4

20 Eu passo a maior parte do tempo ouvindo o que o candidato tem para dizer.

1 2 3 4

21 Eu sou objetivo sobre o que o candidato está dizendo ao longo da entrevista.

1 2 3 4

22 Eu sou gentil com cada candidato e mostro interesse nos pontos de vista deles.

1 2 3 4

23 Eu avalio se o candidato se adaptará à organização.

1 2 3 4

24 Eu faço testes, se necessário, para garantir que o candidato possa ocupar o cargo.

1 2 3 4

25 Eu "enxergo" melhor o candidato ao observar sua linguagem corporal.

1 2 3 4

26 Eu permaneço atento e interessado durante toda a entrevista.

1 2 3 4

27 Eu tomo nota de minhas primeiras impressões imediatamente após cada entrevista.

1	2	3	4

28 Eu peço uma segunda opinião sobre todos os candidatos pré-selecionados.

1	2	3	4

29 Eu indico o momento em que o candidato pode ser acolhido pela organização.

1	2	3	4

30 Eu conduzo negociações sobre salários e benefícios de forma serena.

1	2	3	4

31 Eu envio imediatamente cartas de rejeição a todos os candidatos recusados.

1	2	3	4

32 Eu asseguro o sigilo das informações.

1	2	3	4

ANÁLISE DE RESULTADOS

Agora que você completou a auto-avaliação, some os pontos e verifique seu desempenho na tabela ao lado. Qualquer que tenha sido o sucesso alcançado durante as entrevistas, é importante lembrar que sempre é possível melhorar. Identifique suas áreas mais fracas e consulte as seções deste livro, onde você encontrará conselhos práticos e dicas que o ajudarão a aperfeiçoar suas habilidades de entrevistador.

32–64: Suas habilidades precisam ser melhoradas. Aprenda com os erros e dedique mais tempo na preparação de entrevistas.
65–95: Suas habilidades são razoáveis, mas certas áreas estão fracas.
96–128: Você tem uma técnica eficiente de fazer entrevistas. Continue a procurar formas de desenvolver seu estilo.

ÍNDICE

AGRADECIMENTOS

AGRADECIMENTOS DO AUTOR

A produção deste livro contou com a contribuição de muitas pessoas. O autor Tim Hindle gostaria de mencionar particularmente os editores da Dorling Kindersley e sua assistente Jane Williams.

AGRADECIMENTOS DA DORLING KINDERSLEY

A Dorling Kindersley gostaria de agradecer a Emma Lawson por seu papel valioso no planejamento e desenvolvimento desta série, a todos que generosamente emprestaram acessórios para as fotografias e às seguintes pessoas por sua ajuda e participação:

Editorial Tracey Beresford, Anna Cheifetz, Michael Downey, Jane Garton, Adèle Hayward, Catherine Rubinstein, David Tombesi-Walton; **Design** Helen Benfield, Darren Hill, Ian Midson, Kate Poole, Simon J. M. Oon, Nicola Webb, Ellen Woodward; **Assistente DTP** Rachel Symons; **Consultoria** Josephine Bryan, Jane Lyle; **Índice** Hilary Bird; **Revisão** David Perry; **Principal fotógrafo** Steve Gorton; **Outros fotógrafos** Andy Crawford, Tim Ridley; **Assistentes dos fotógrafos** Sarah Ashun, Nick Goodall, Lee Walsh; **Ilustradores** Joanna Cameron, Yahya El-Droubie, Richard Tibbetts.

Modelos das fotos Angela Cameron, Kuo Kang Chen, Patrick Dobbs, Carole Evans, Vosjava Fahkro, John Gillard, Ben Glickman, Zahid Malik, Sotiris Melioumis, Mutsumi Niwa, Ted Nixon, Mary-Jane Robinson, Kiran Shah, Lois Sharland, Teresa Woodward; **Maquiagem** Elizabeth Burrage, Lynne Maningley

Agradecimentos especiais

Ron e Chris, da Clark Davis & Co. Ltd pelo fornecimento de material de escritório e mobília; Pam Bennett e equipe, da Jones Bootmakers, Covent Garden, pelo empréstimo de calçados; Alan Pfaff e equipe da Moss Bros, Covent Garden, pelo empréstimo dos ternos masculinos; David Bailey por sua ajuda; Graham Preston e a equipe da Starverton por ceder seu espaço; e Anna Youle por todo o apoio e assistência.

Fornecedores Austin Reed, Church & Co., Compaq, David Clulow Opticians, Elonex, Escada, Filofax, Mucci Bags.

Pesquisa incográfica Mariana Sonnenberg; **Assistente de banco de imagens** Sam Ward.

CRÉDITOS DE FOTOS

Legenda: *i* inferior, *c* centro, *e* esquerda, *d* direita, *s* superior (capas e orelha da frente)
Tony Stone Images foto *sd* da capa, 4–5, 7*cd*, 21*sd*.

H554c
Hindle, Tim
Como fazer entrevistas / Tim Hindle – 3.ed. – São Paulo : Publifolha, 1999. – (Série sucesso profissional : seu guia de estratégia pessoal)

ISBN 85-7402-088-5

1. Entrevistas. 2. Comportamento organizacional I. Título. II. Série.

CDD 658.4
CDU 658.3